Bildende Kunst

Antoinette Opitz- Kunst*Wirrwarr*

Portfolio

KunstWirrwarr

Mit Zeichnungen & Illustrationen des Verfassers

Auflage :2-Kunst*Wirrwar*
Künstlerin & Schriftstellerin »Autorin« Antoinette Opitz, diplomiert in Bildende Kunst,
Universität Laval, Québec City, Canada,
&
diplomiert in Literarisches Schreiben (Dipl.liter.Schr.), Cornelia Goethe Akademie,
Frankfurt am Main, Germany
2015 Publisher: CreateSpace
Satz und Gestaltung vom Originalaufbau aufgefrischt.
Bereitstellung von Internet-Tools Photo-Editing: *www.fotor.com/editor/*
http://www.fotor.com/
Québec QC, 2015

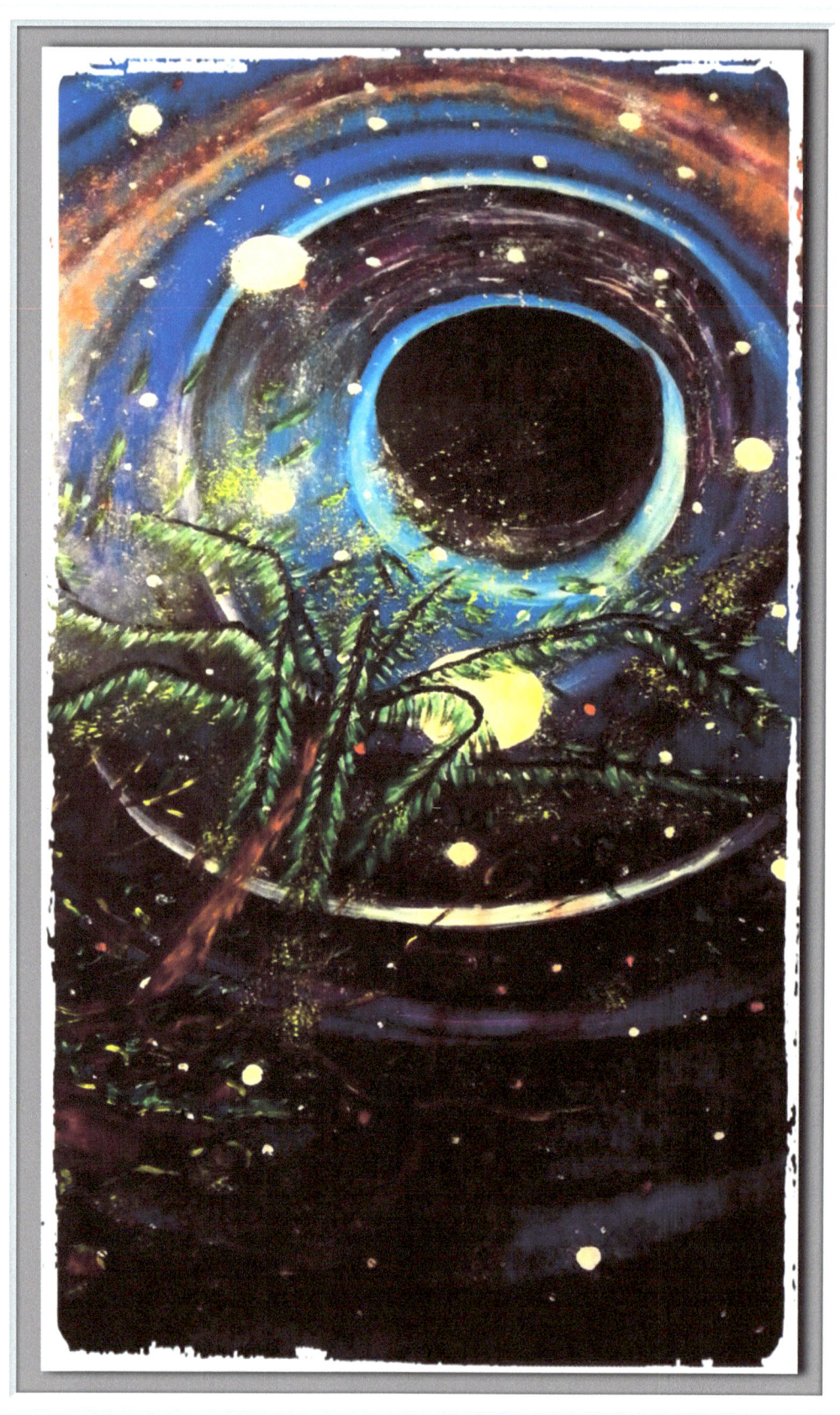

Acrylique-*Nowhere*

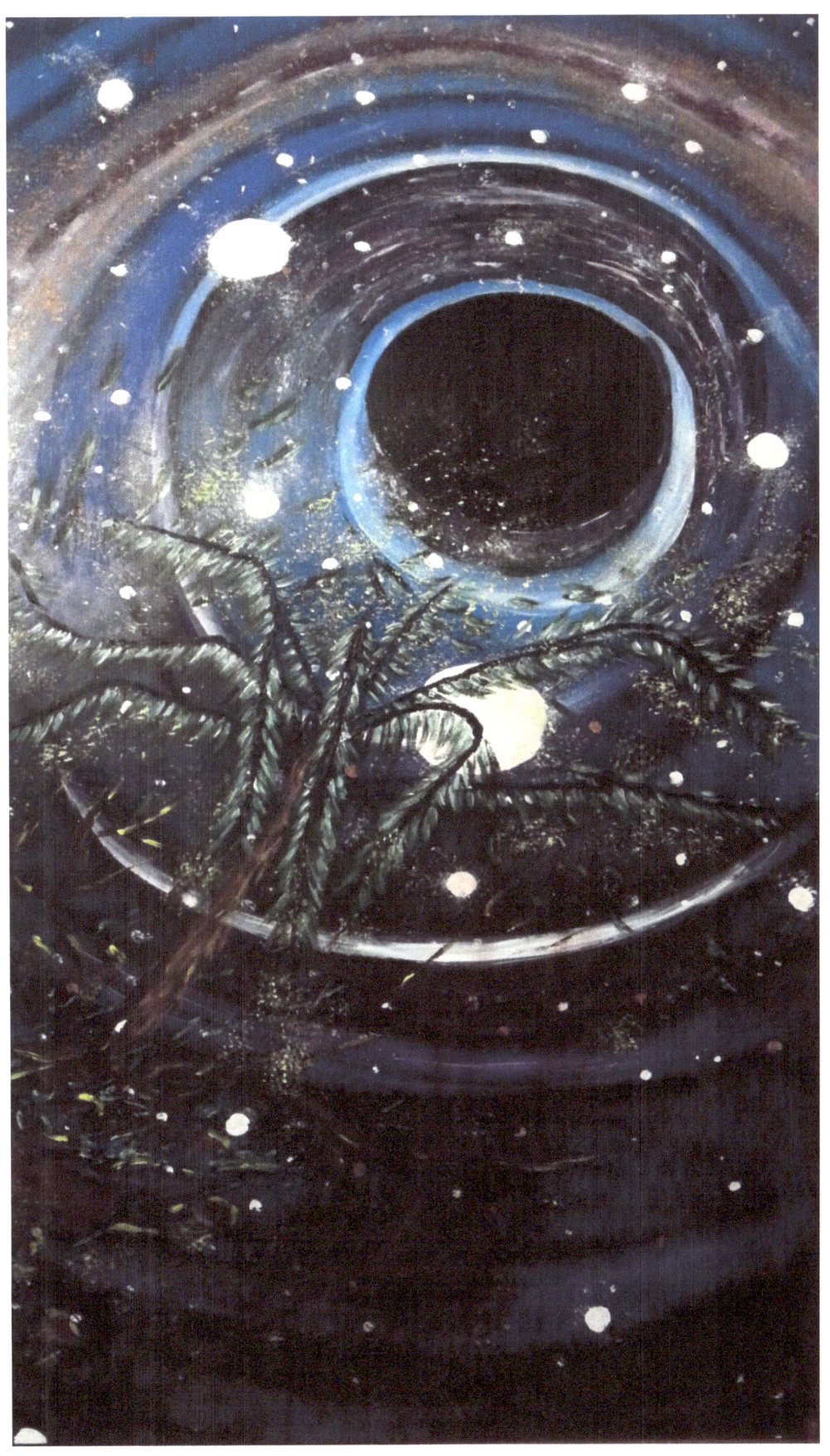

Acrylique-*Nowhere* (Original)

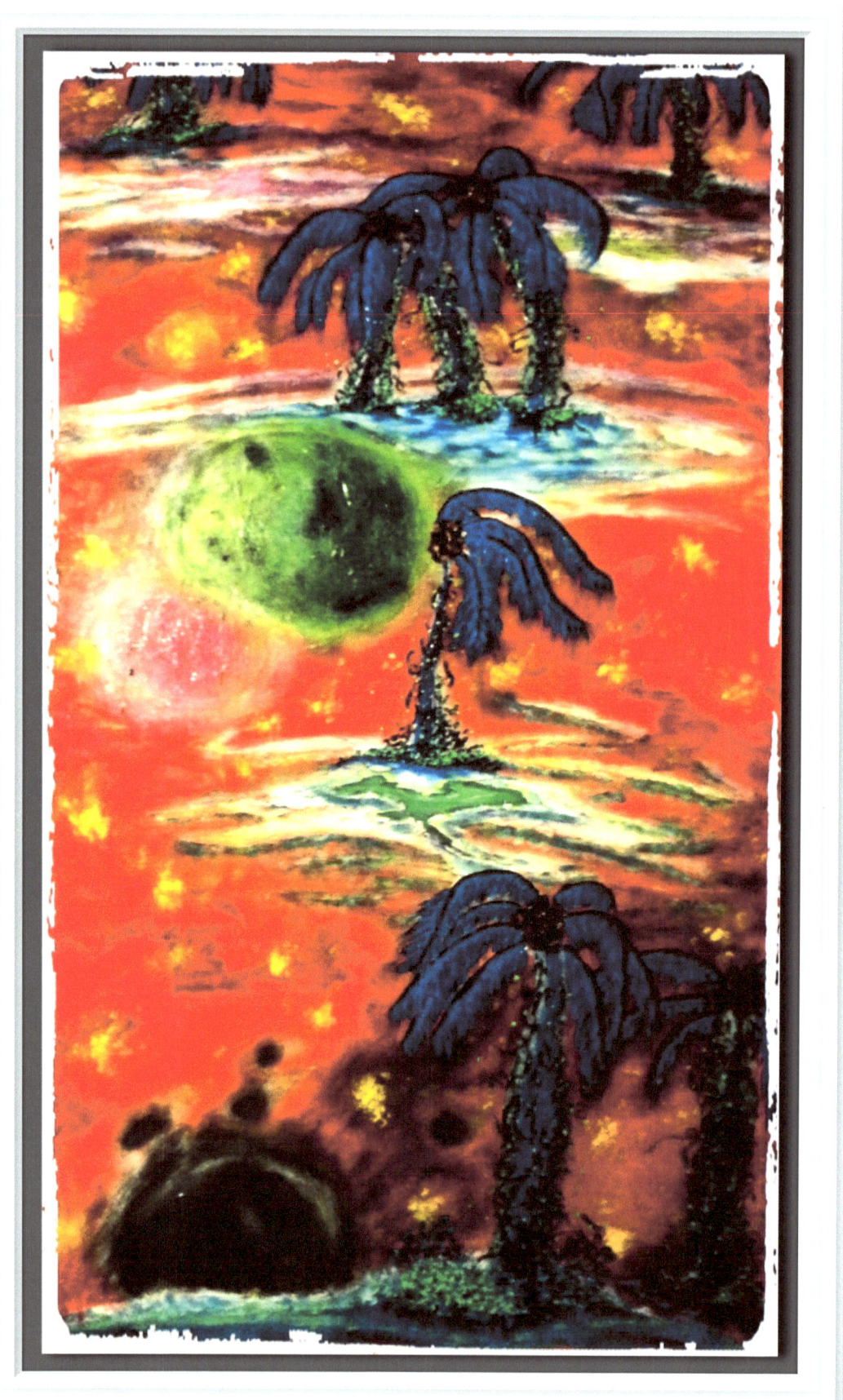

Acrylique/Gouache-*Les Palmiers bleus*

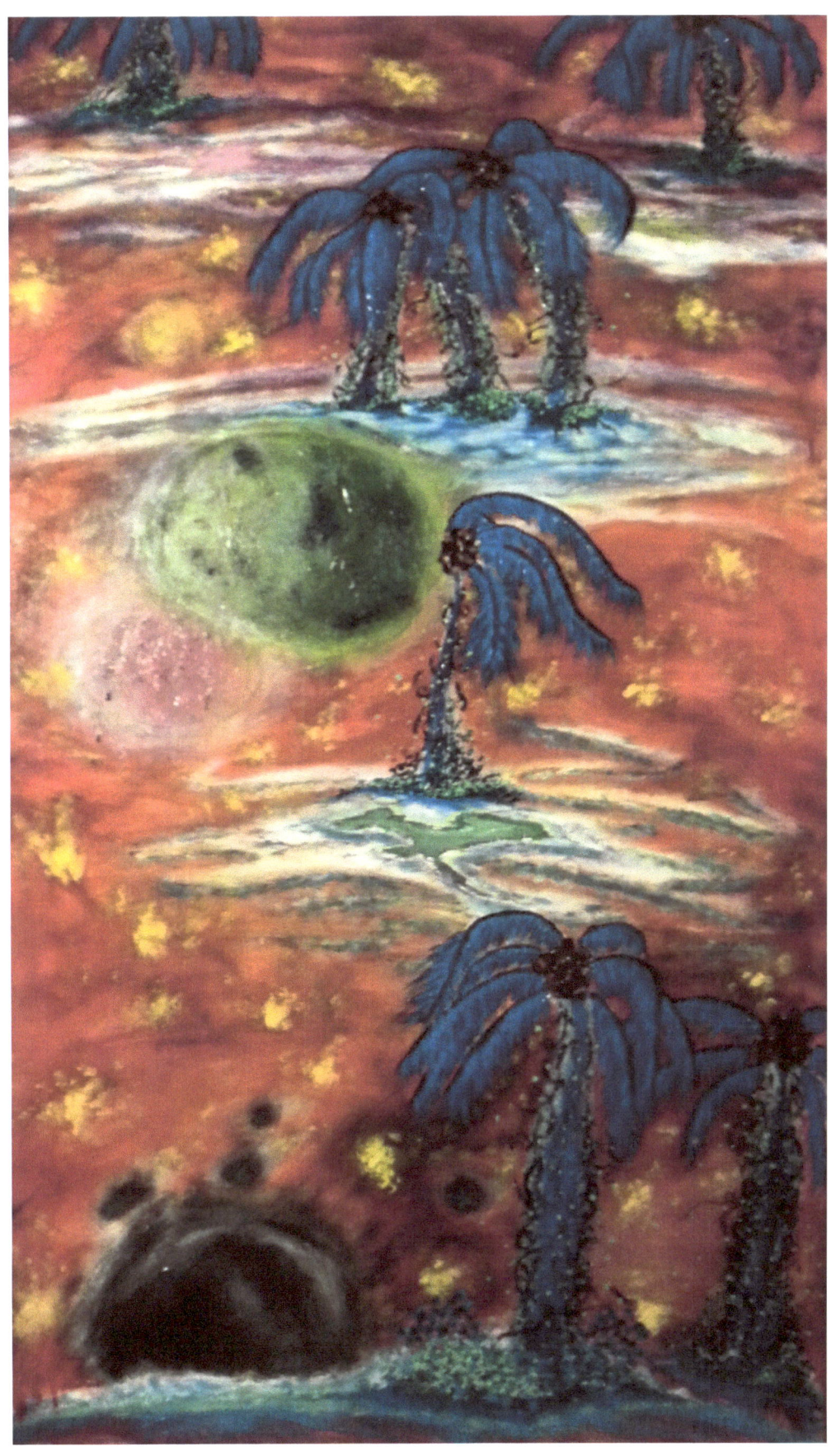

Acrylique/Gouache-*Les Palmiers bleus* (Original)

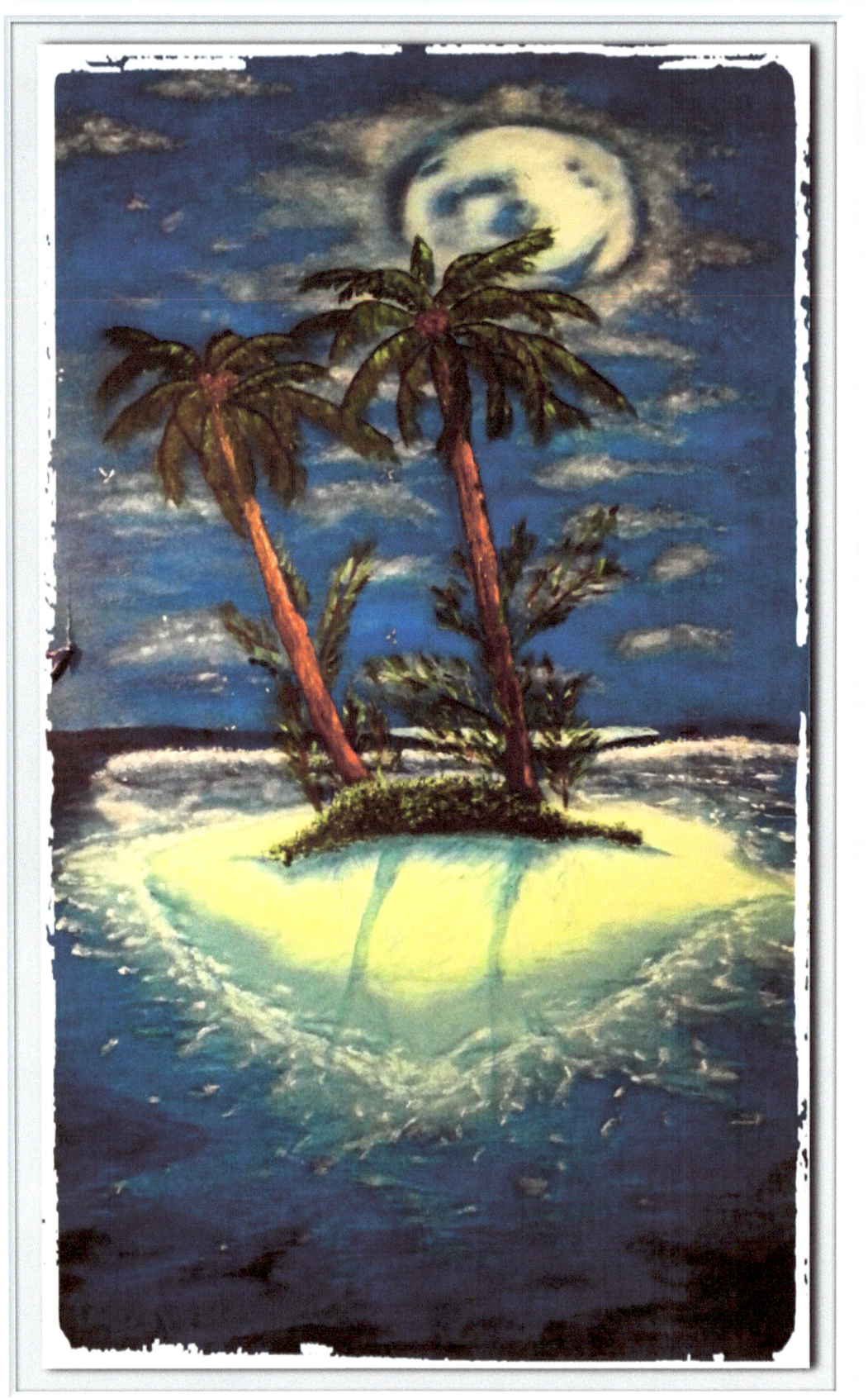

Acrylique-*La Plage*

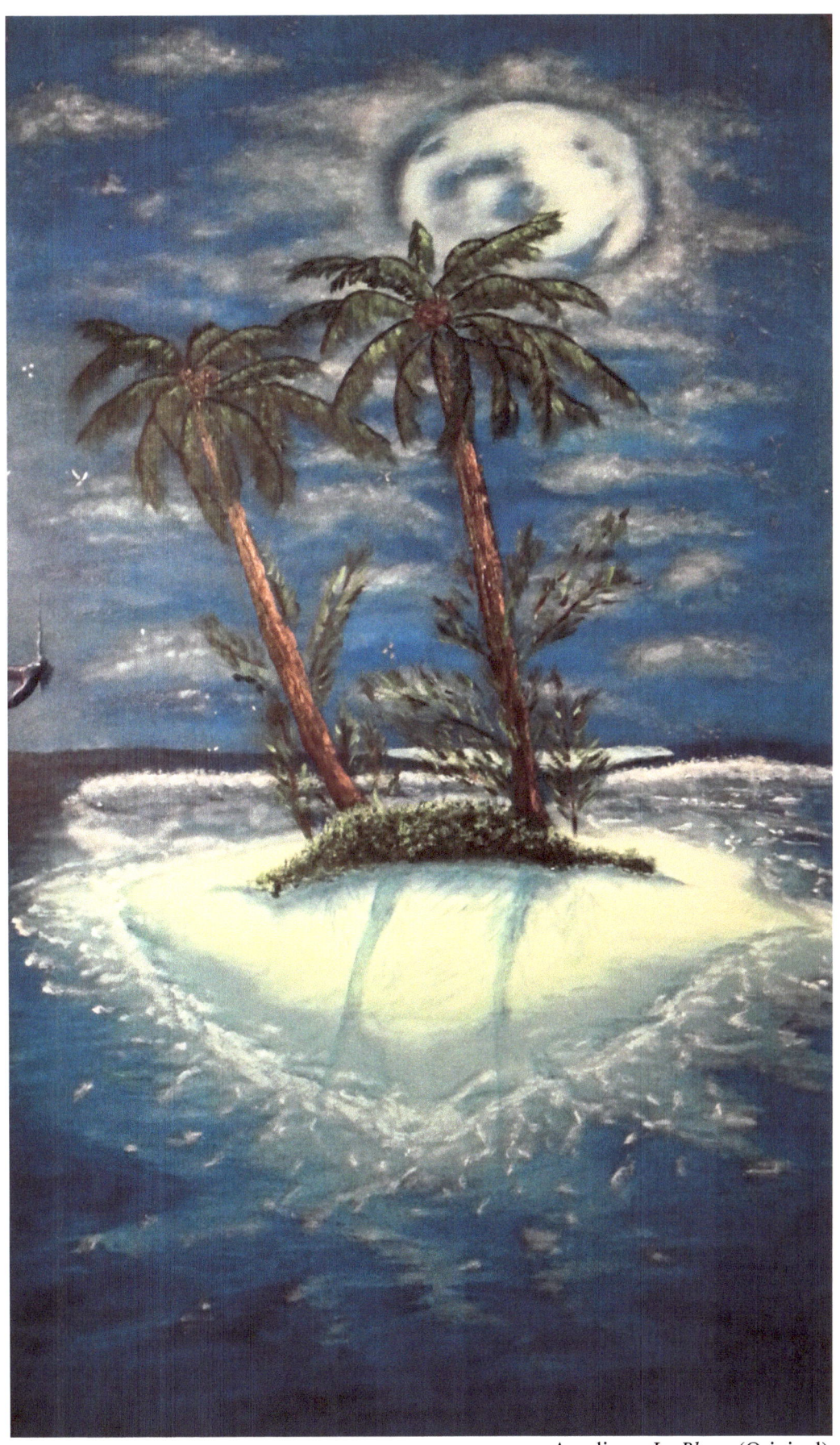

Acrylique-*La Plage* (Original)

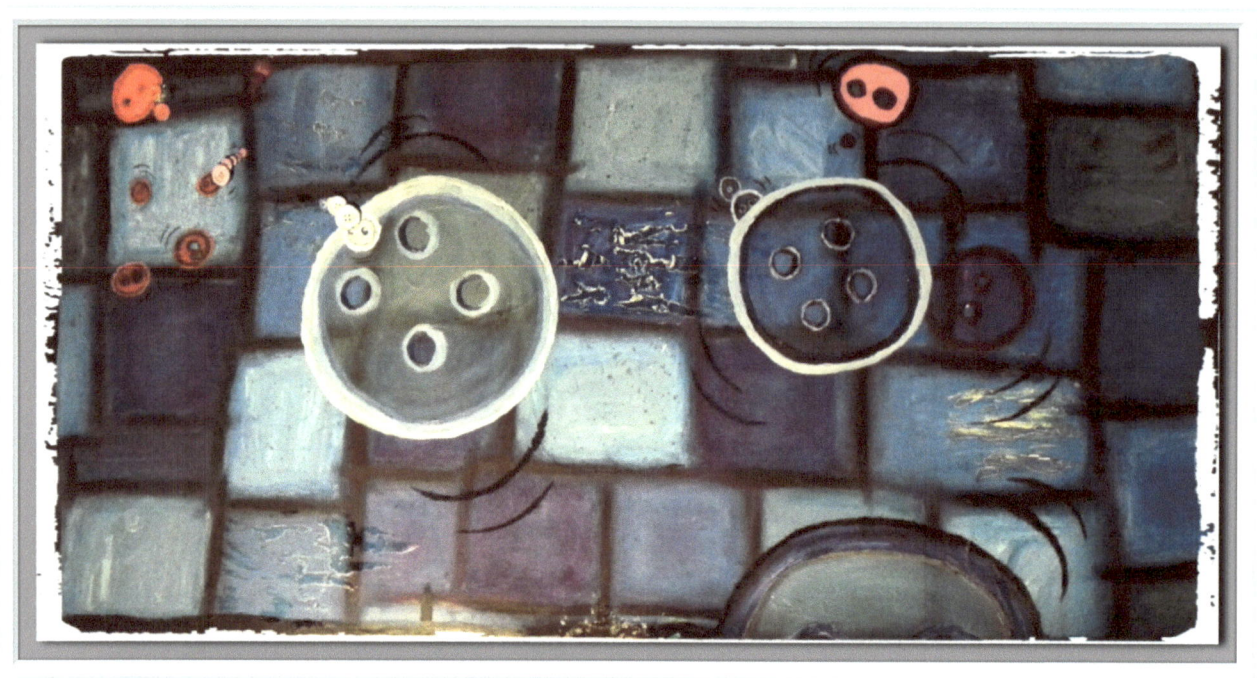

Öl-*Boutons*

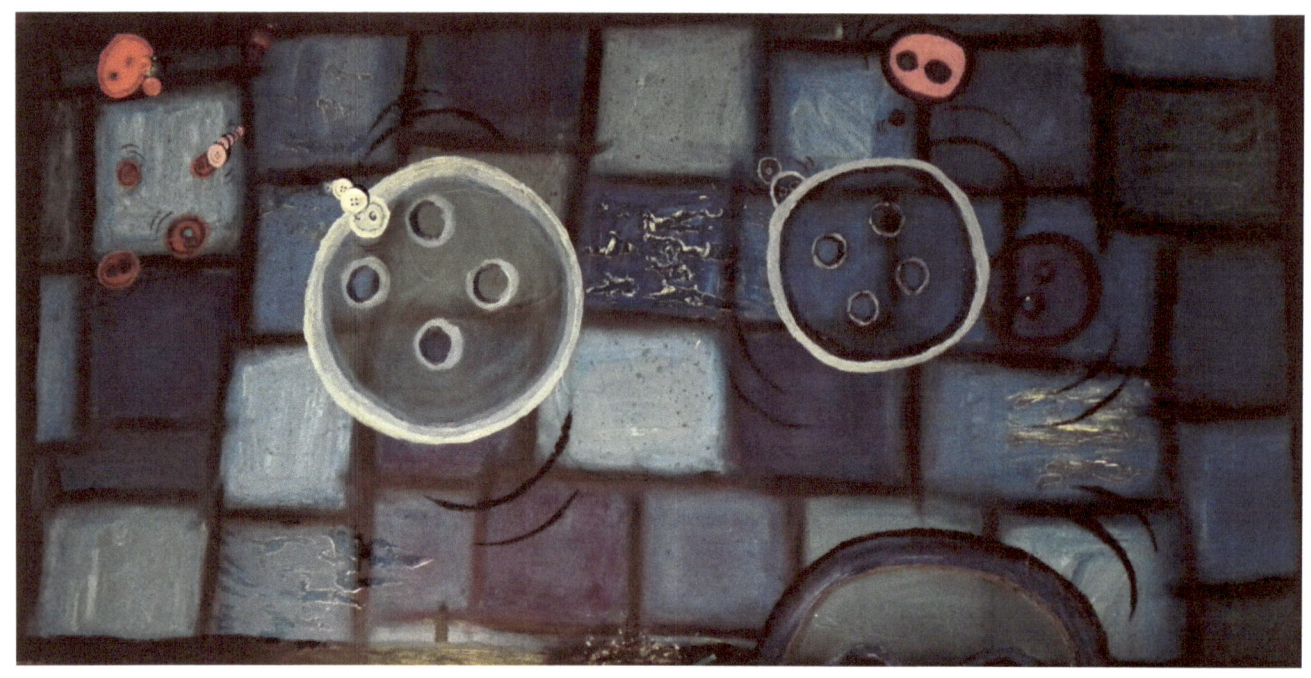

Öl-*Boutons* (Original)

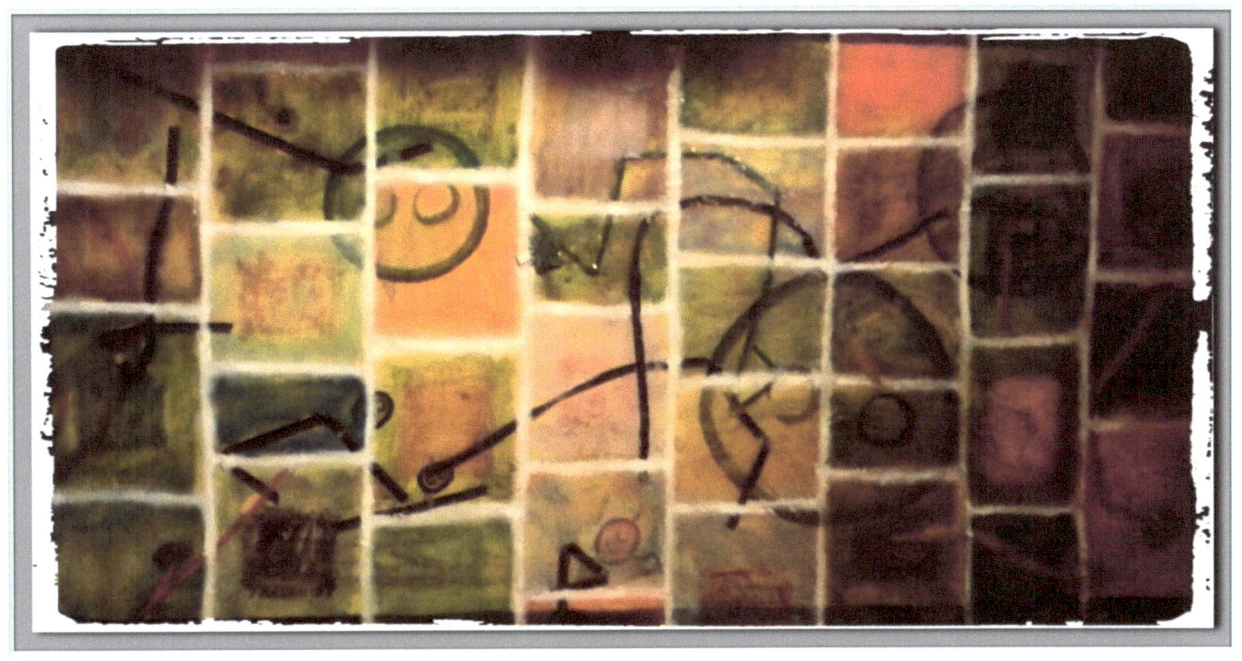

Öl-*Boutons*

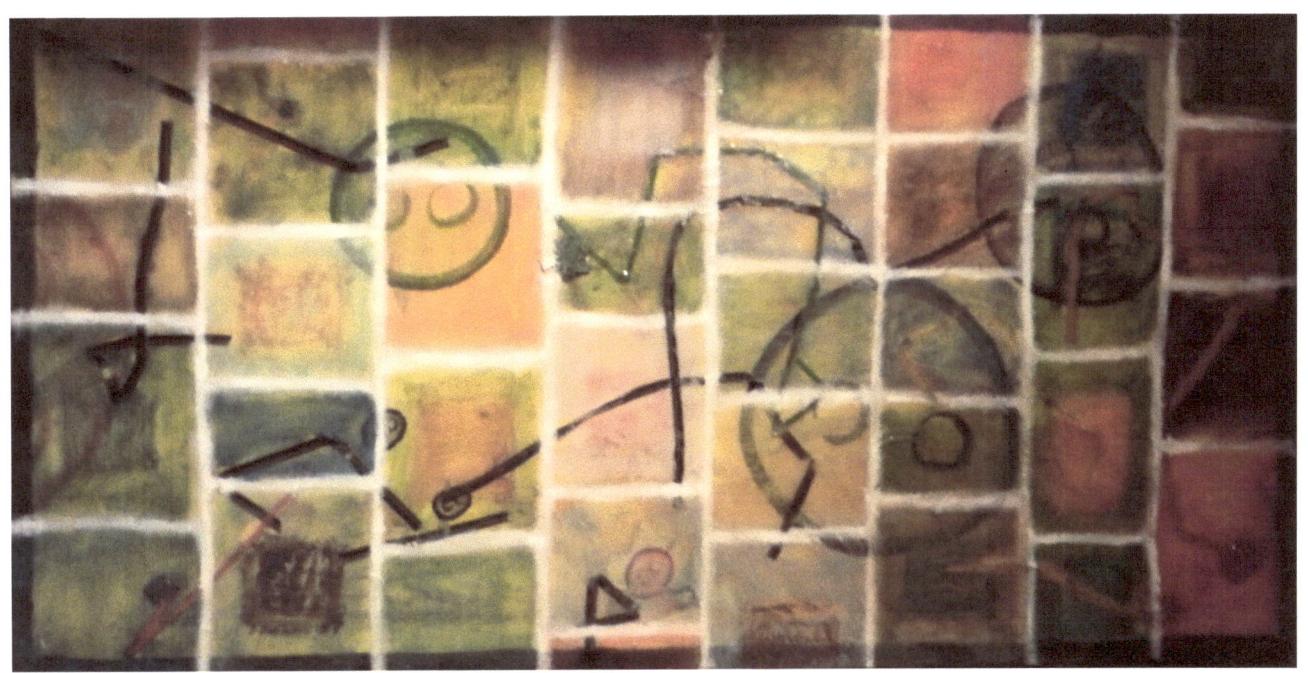

Öl-*Boutons* (Original)

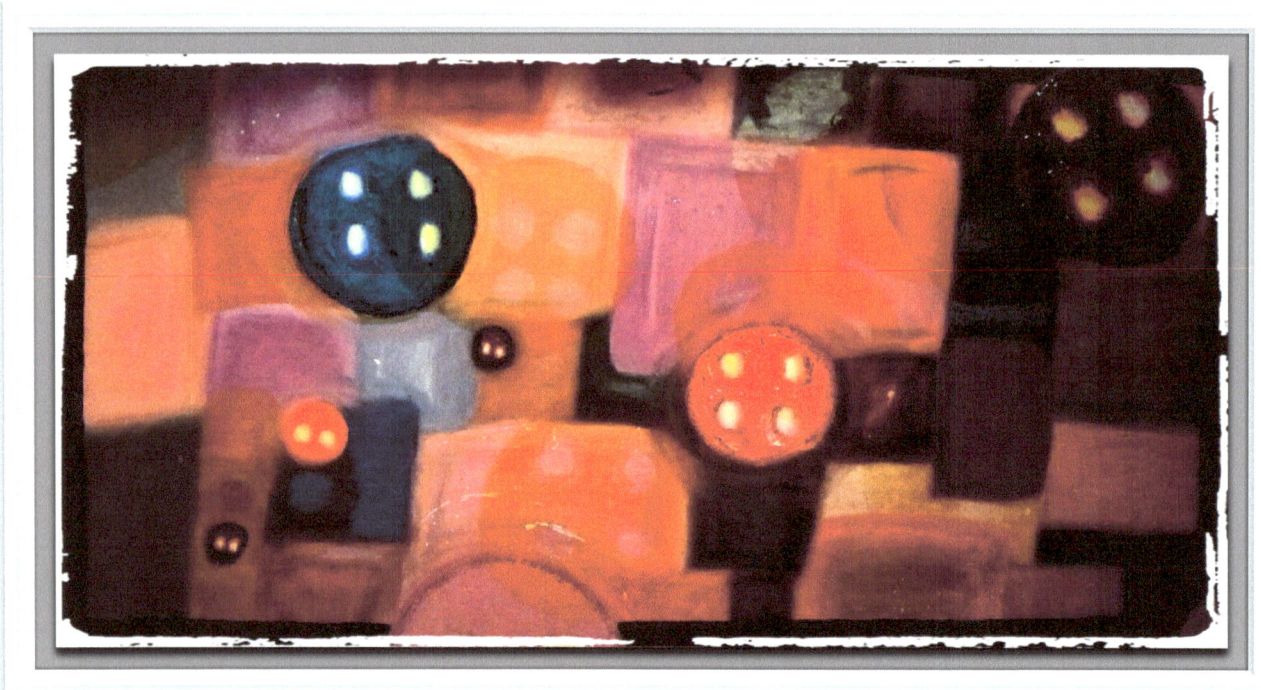

Öl-Boutons

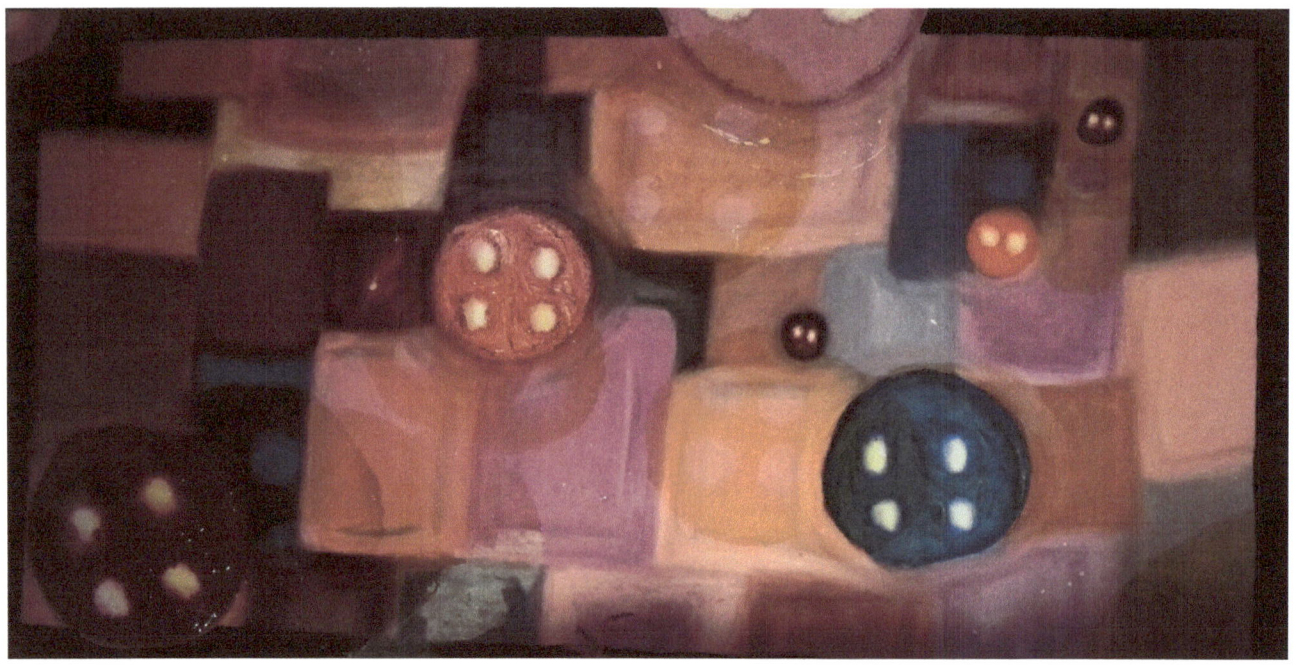

Öl-Boutons (Original)

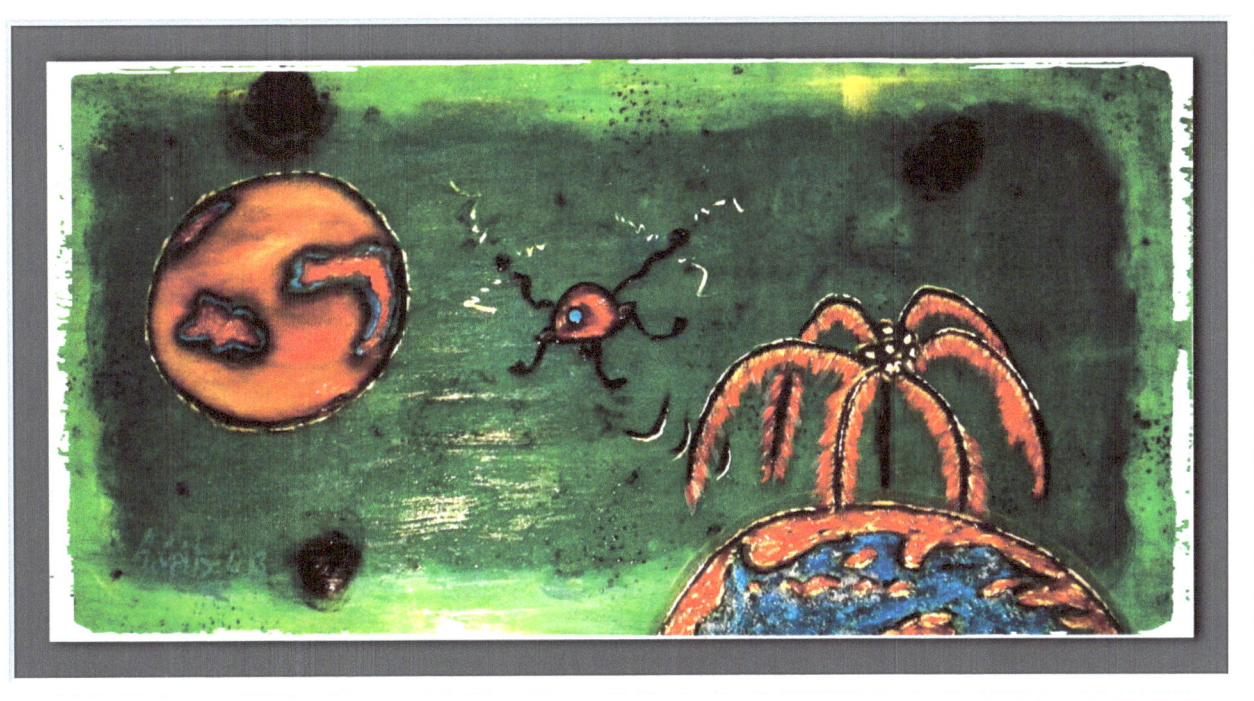

Acrylique/Öl-*Contact*

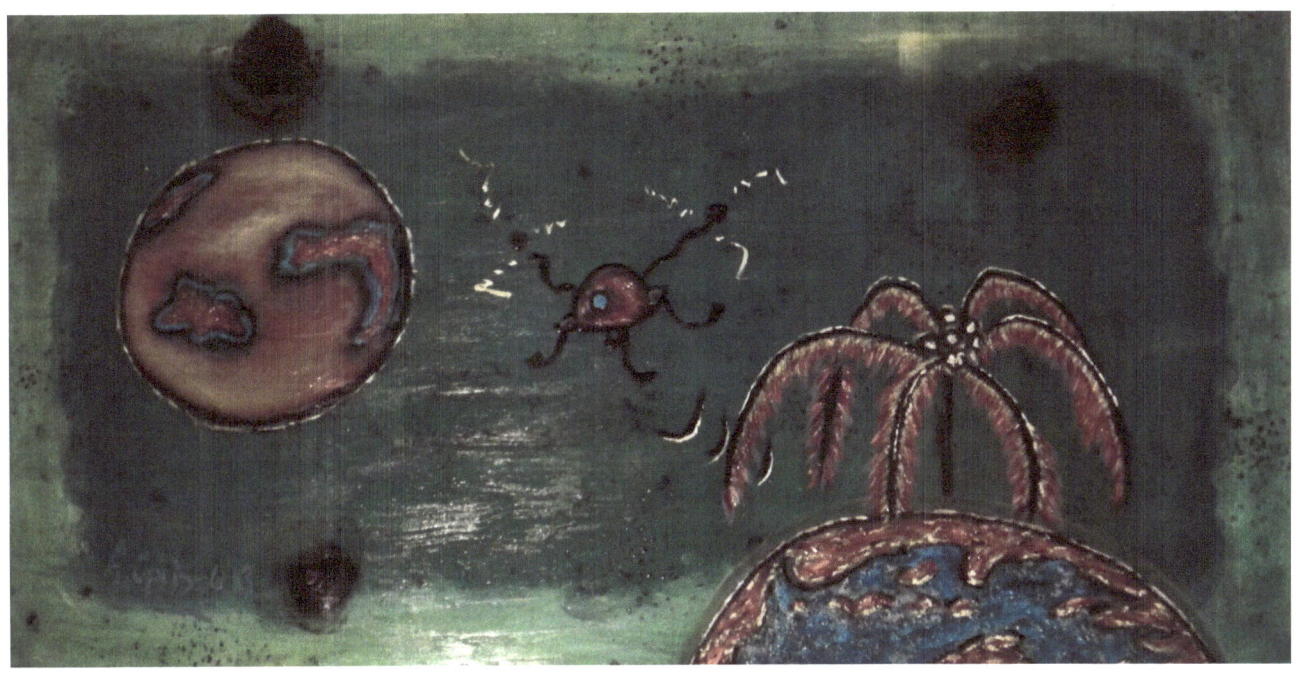

Acrylique/Öl-*Contact* (Original)

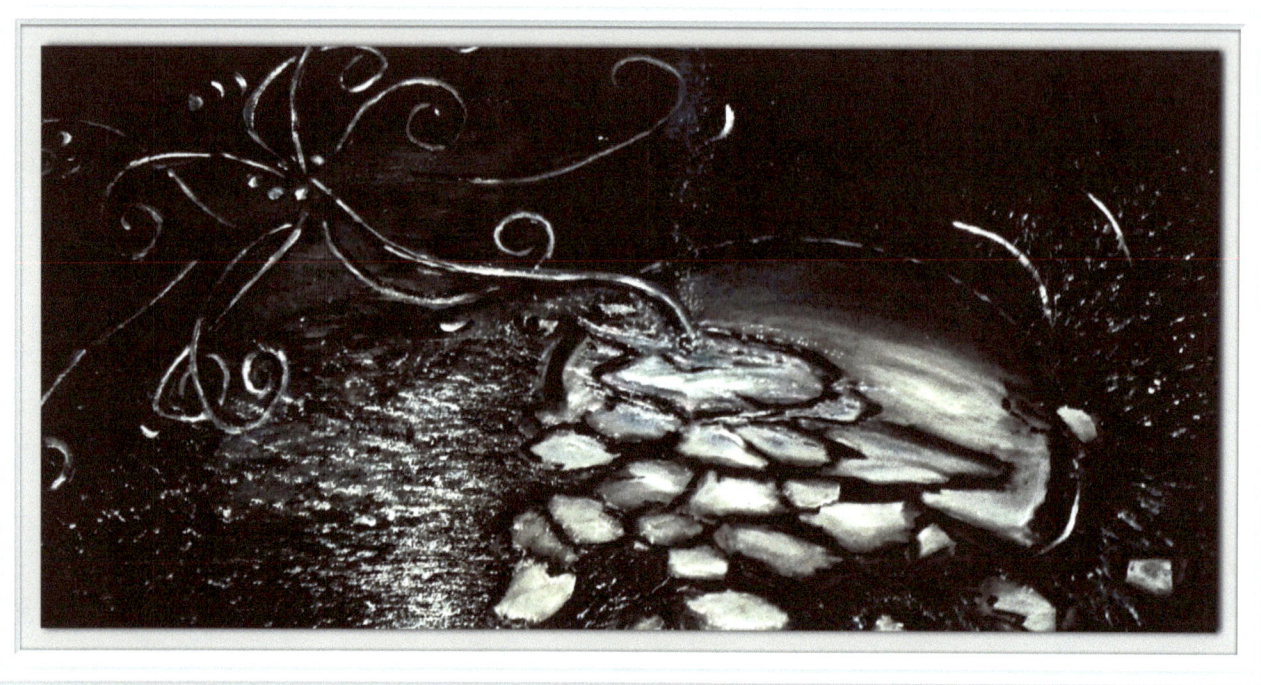

Öl-*Nowhere*

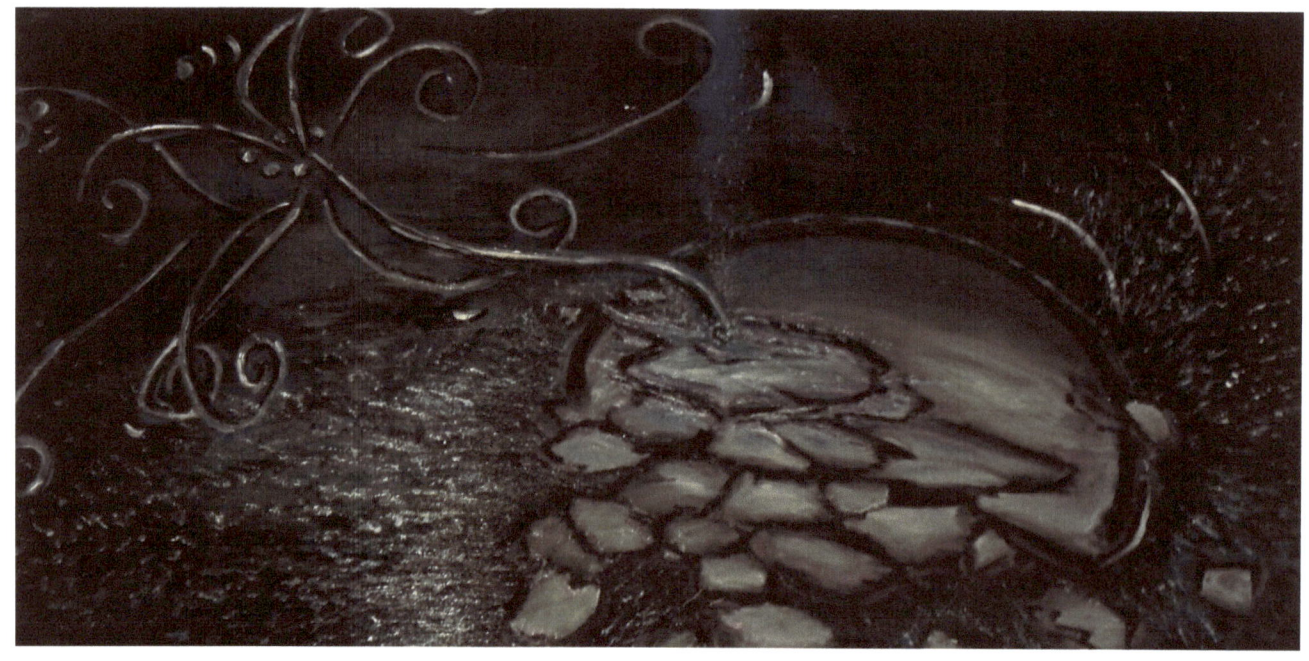

Öl-*Nowhere* (Original)

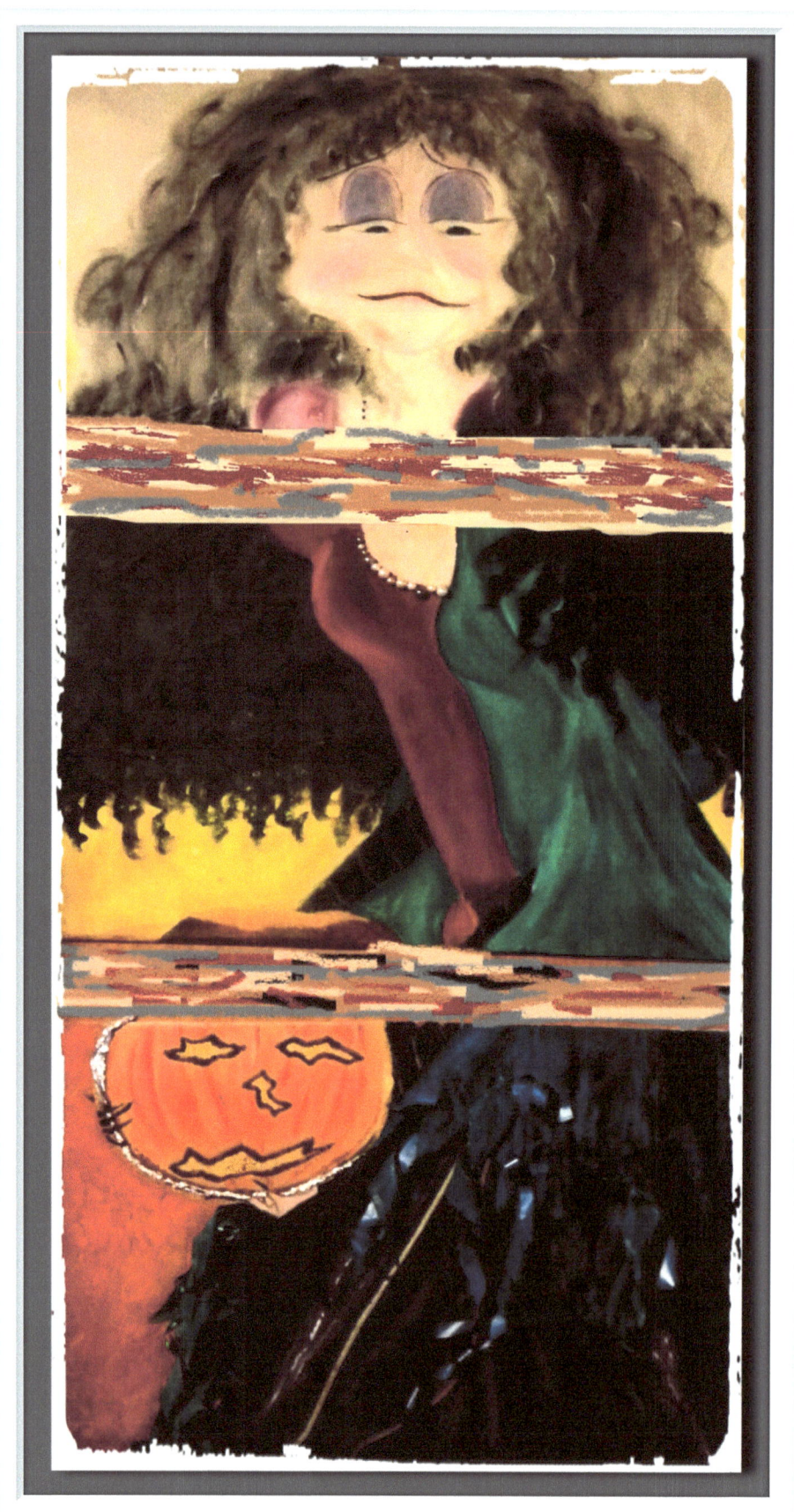

Öl-Halloween

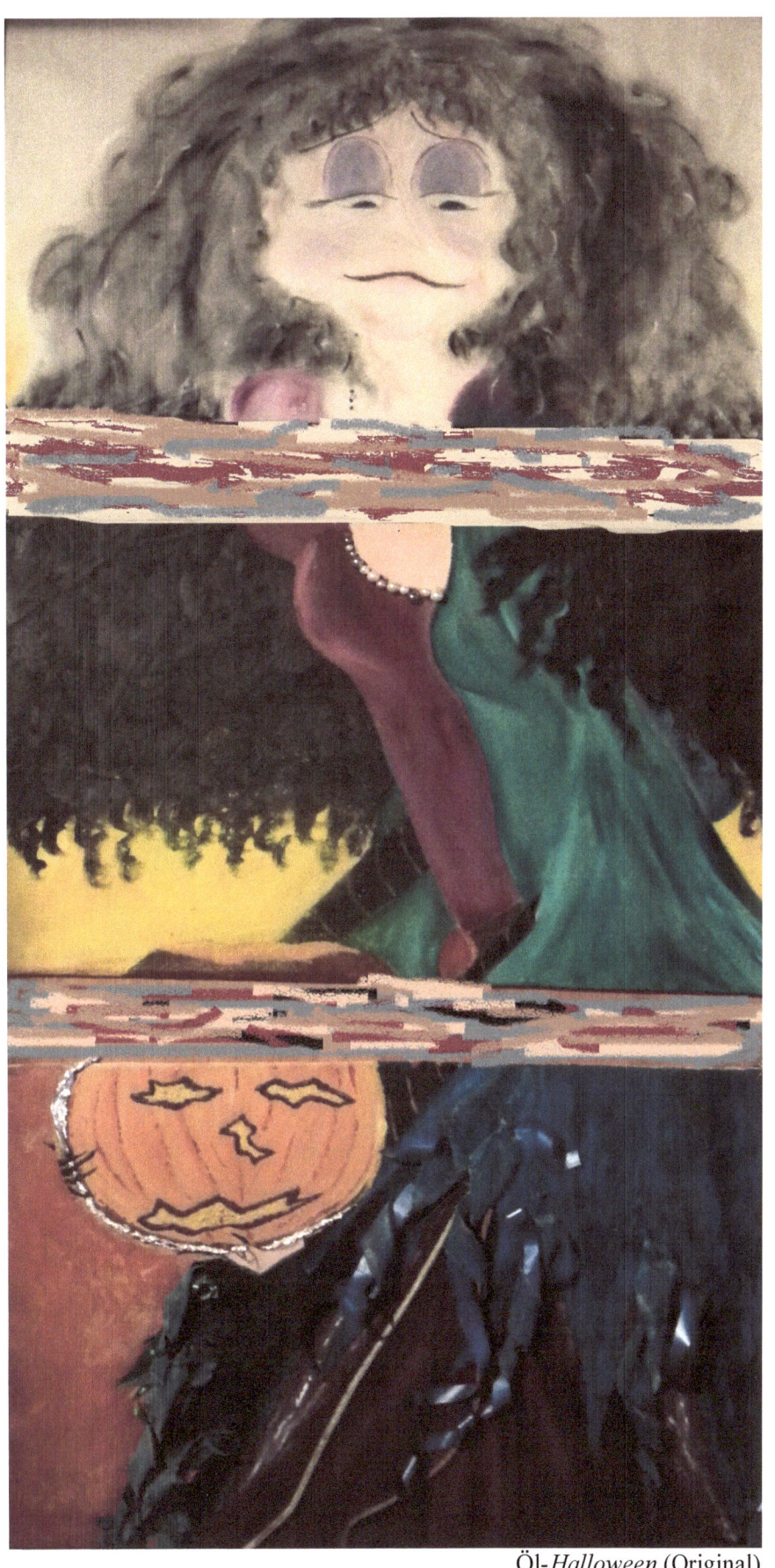

Öl-Halloween (Original)

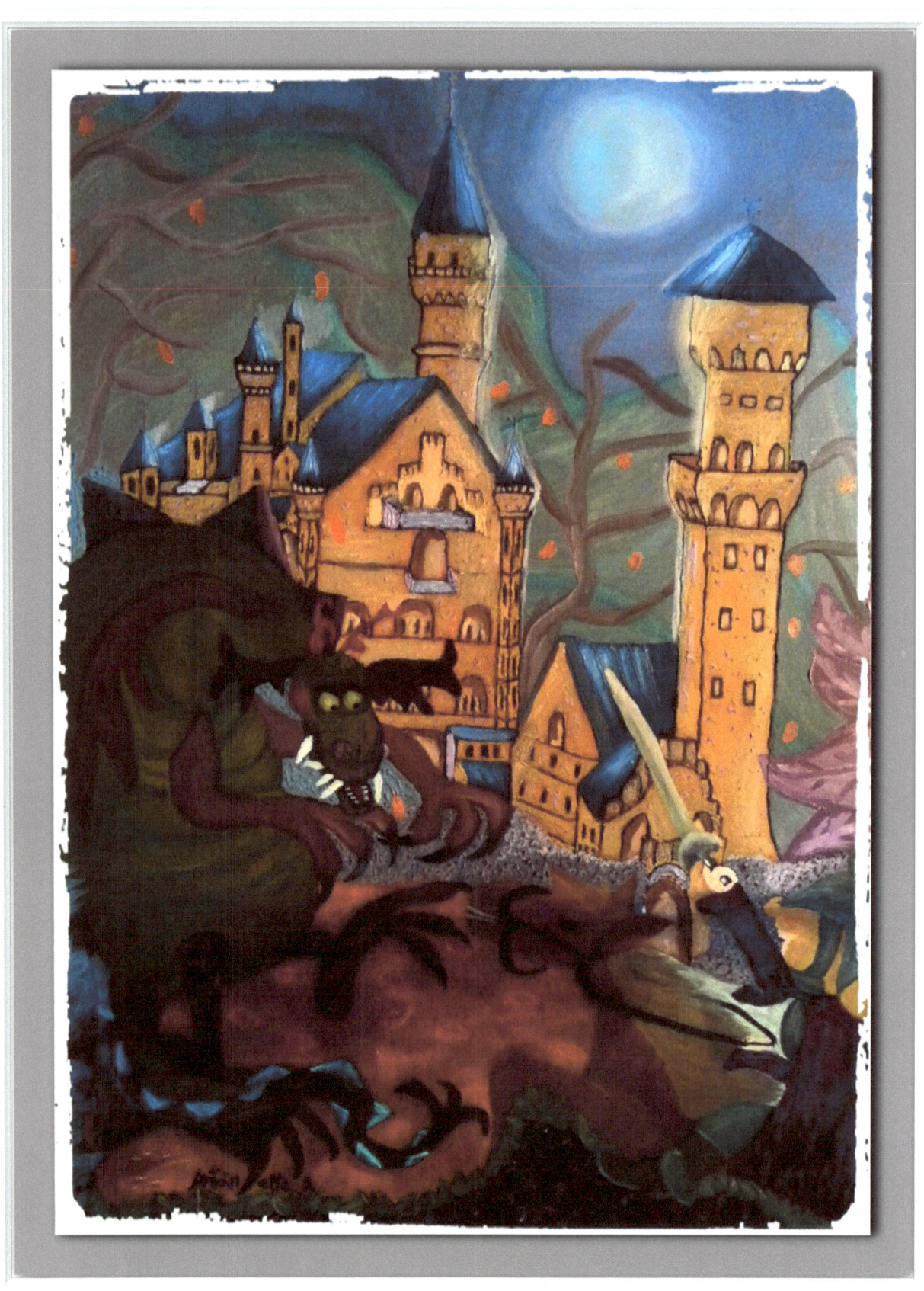

Öl- *Le petit chevalier*

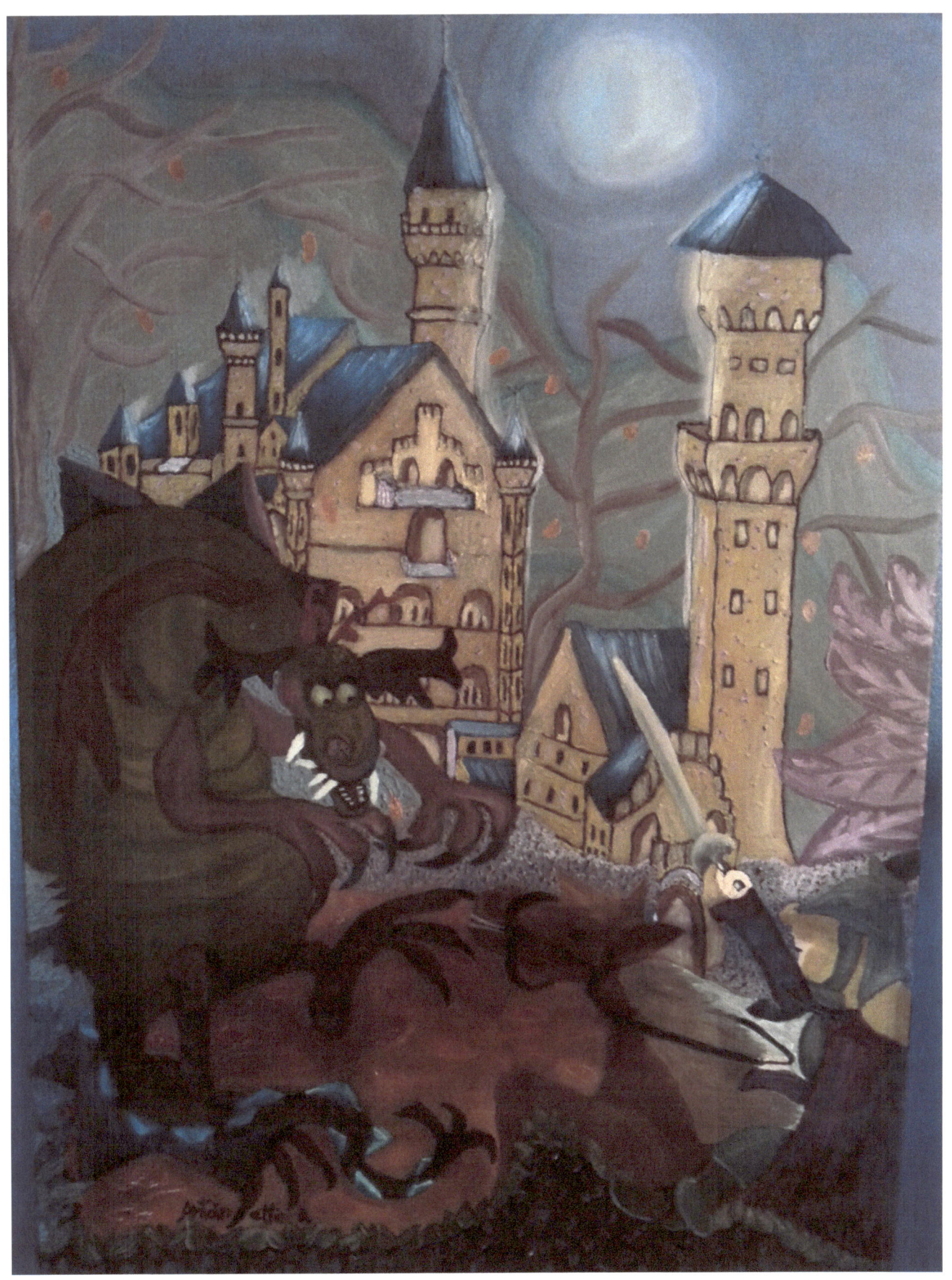

Öl-*Le petit chevalier* (Original)

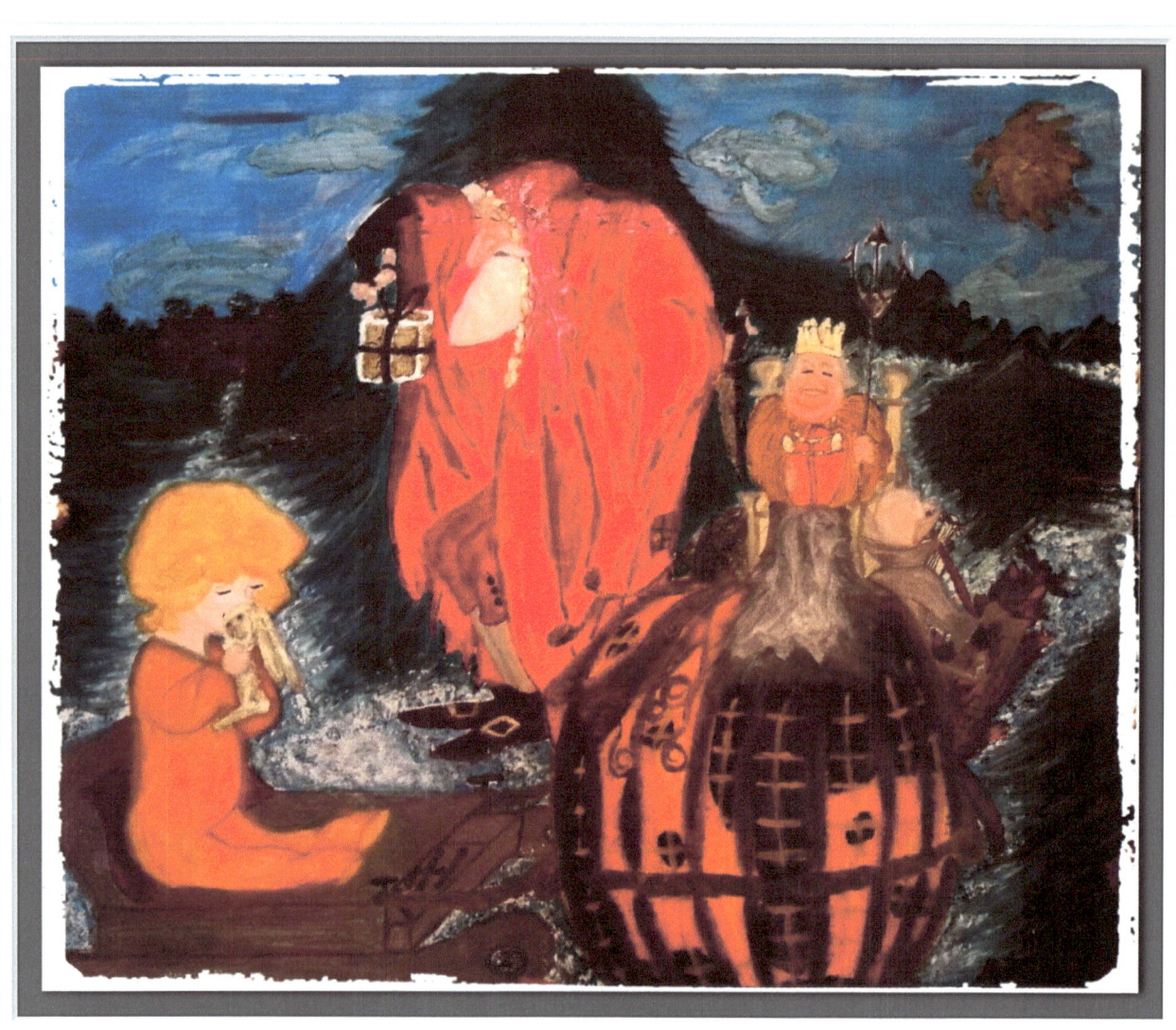

Öl-Cadeau Noël

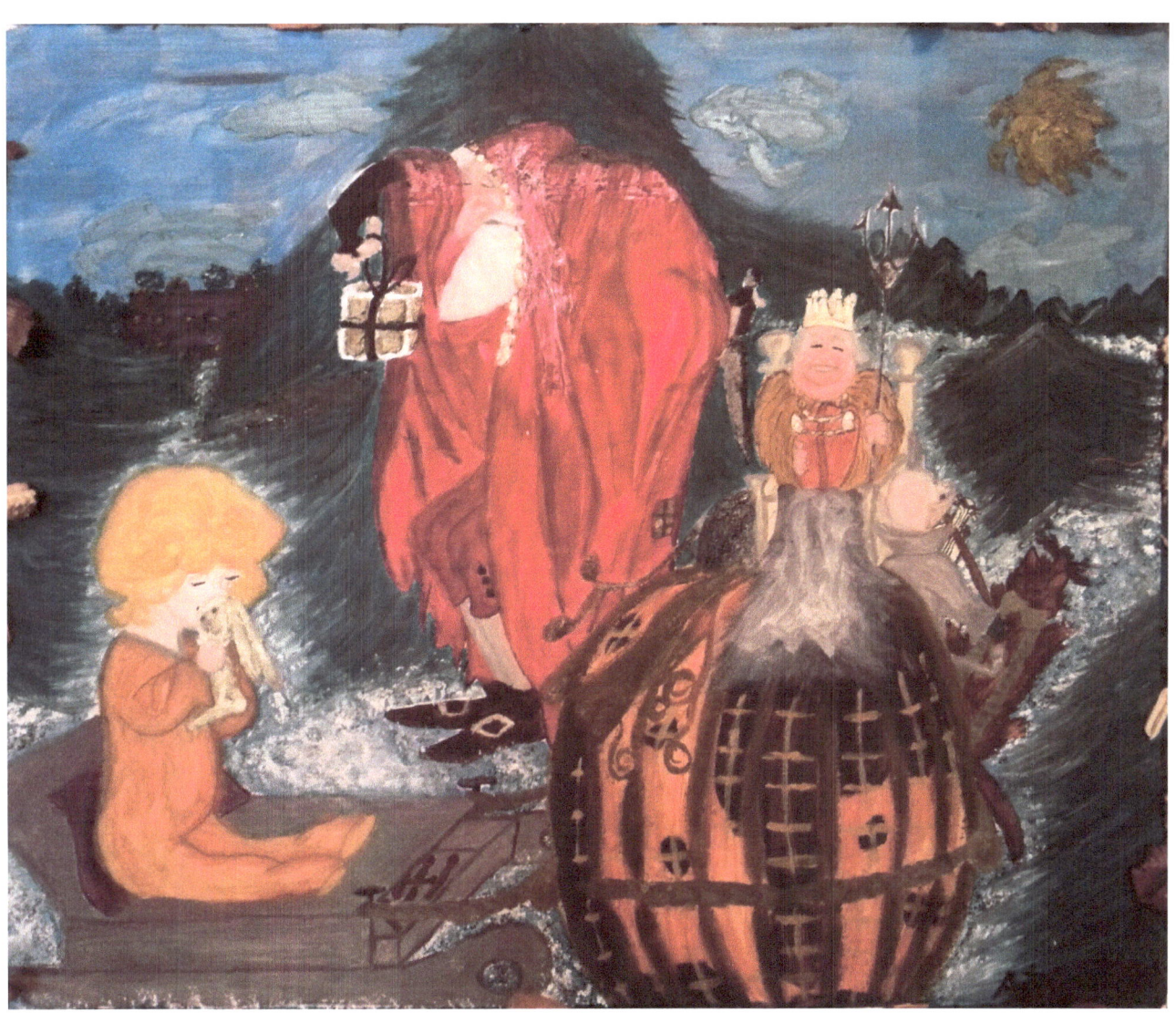

Öl-*Cadeau Noël* (Original)

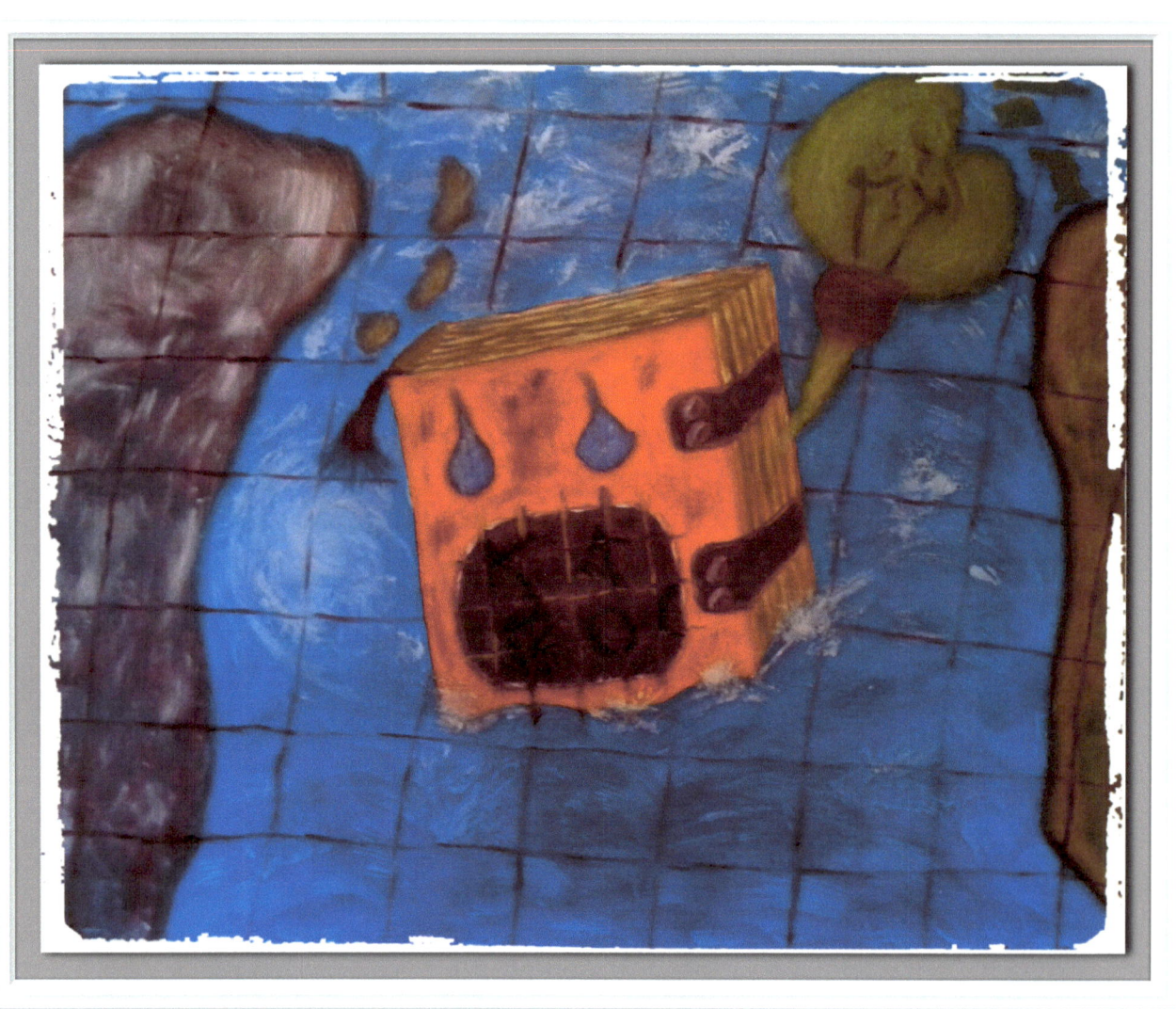

Öl-*Mots*

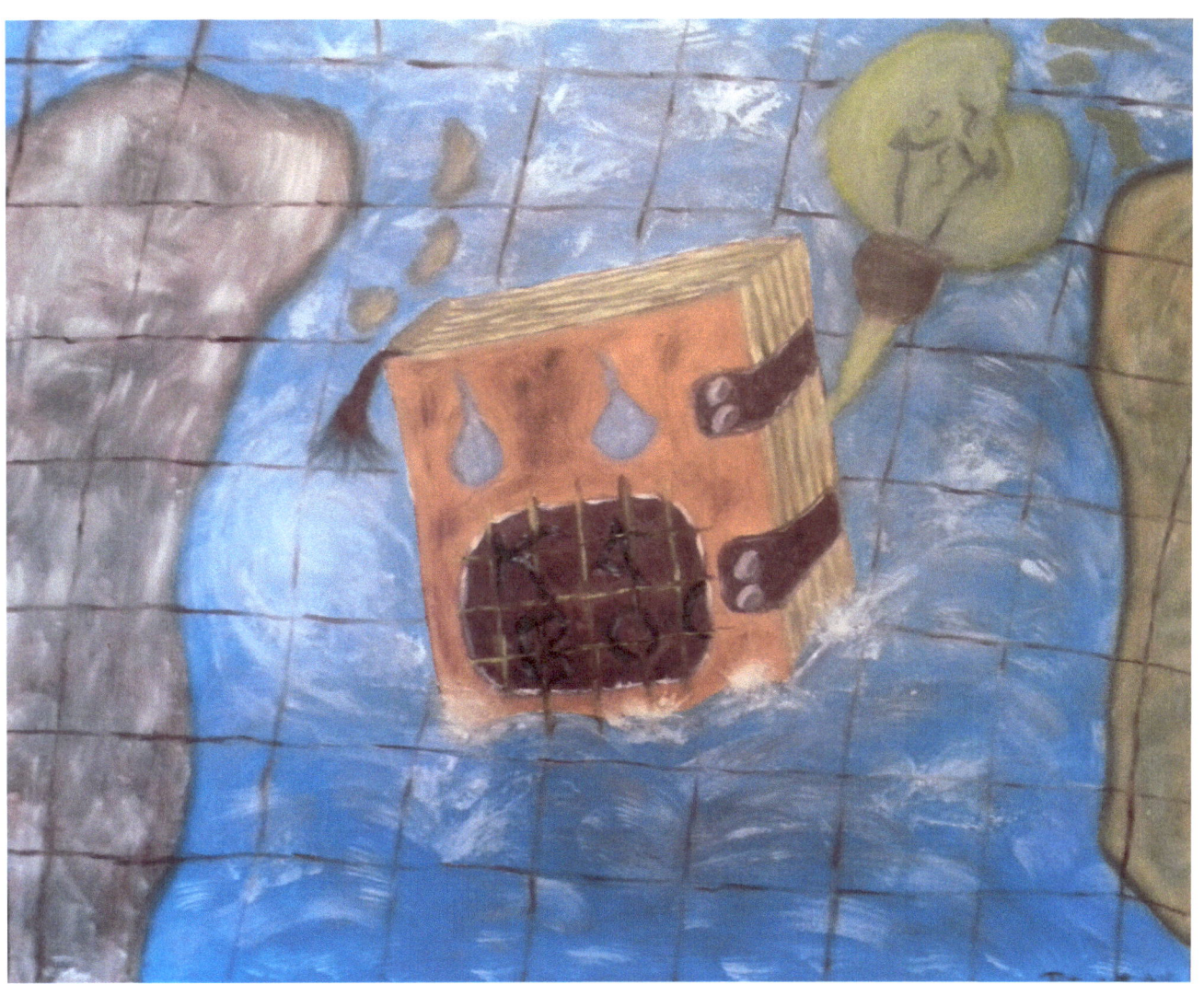

Öl-*Mots* (Original)

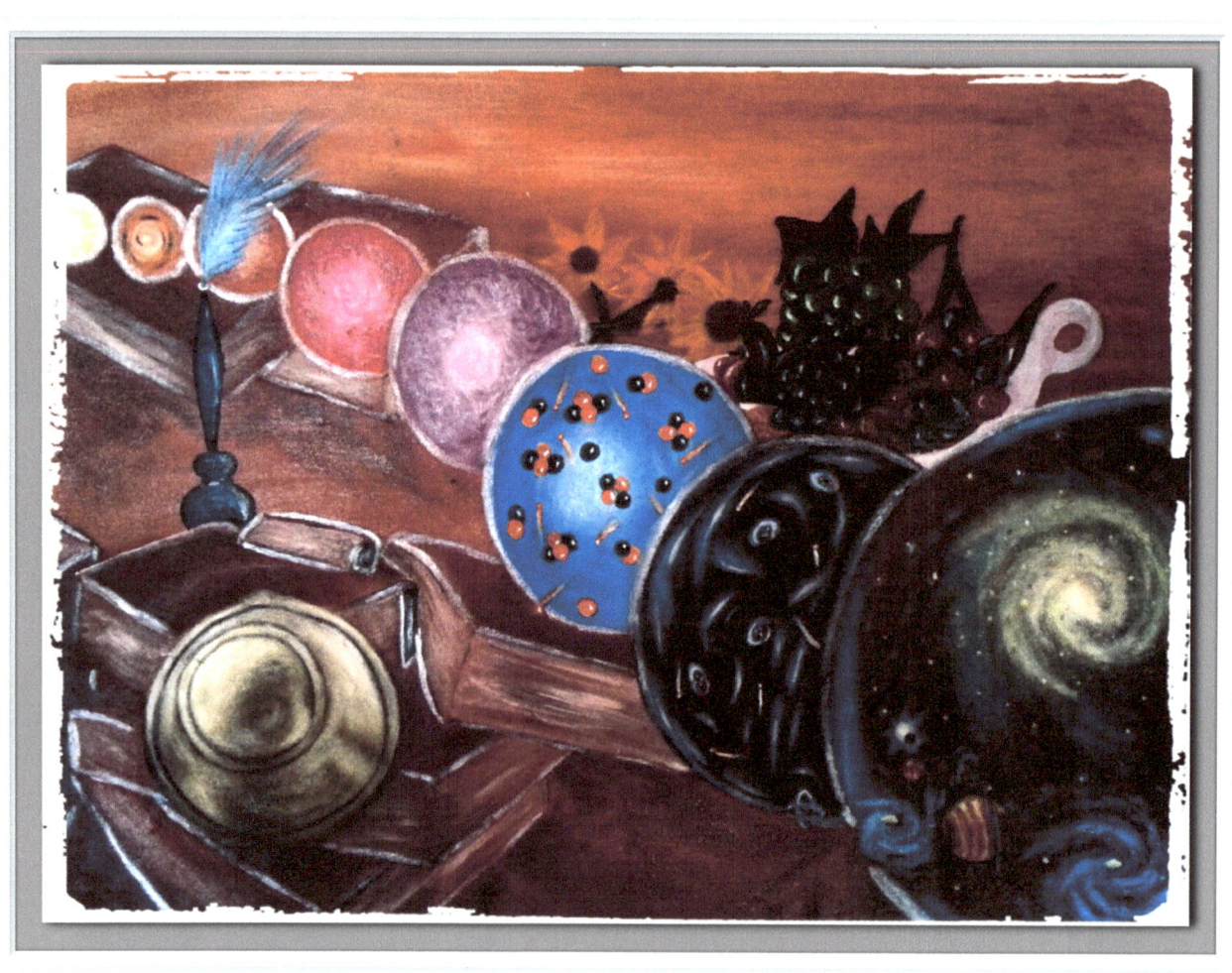

Öl- *Temps*

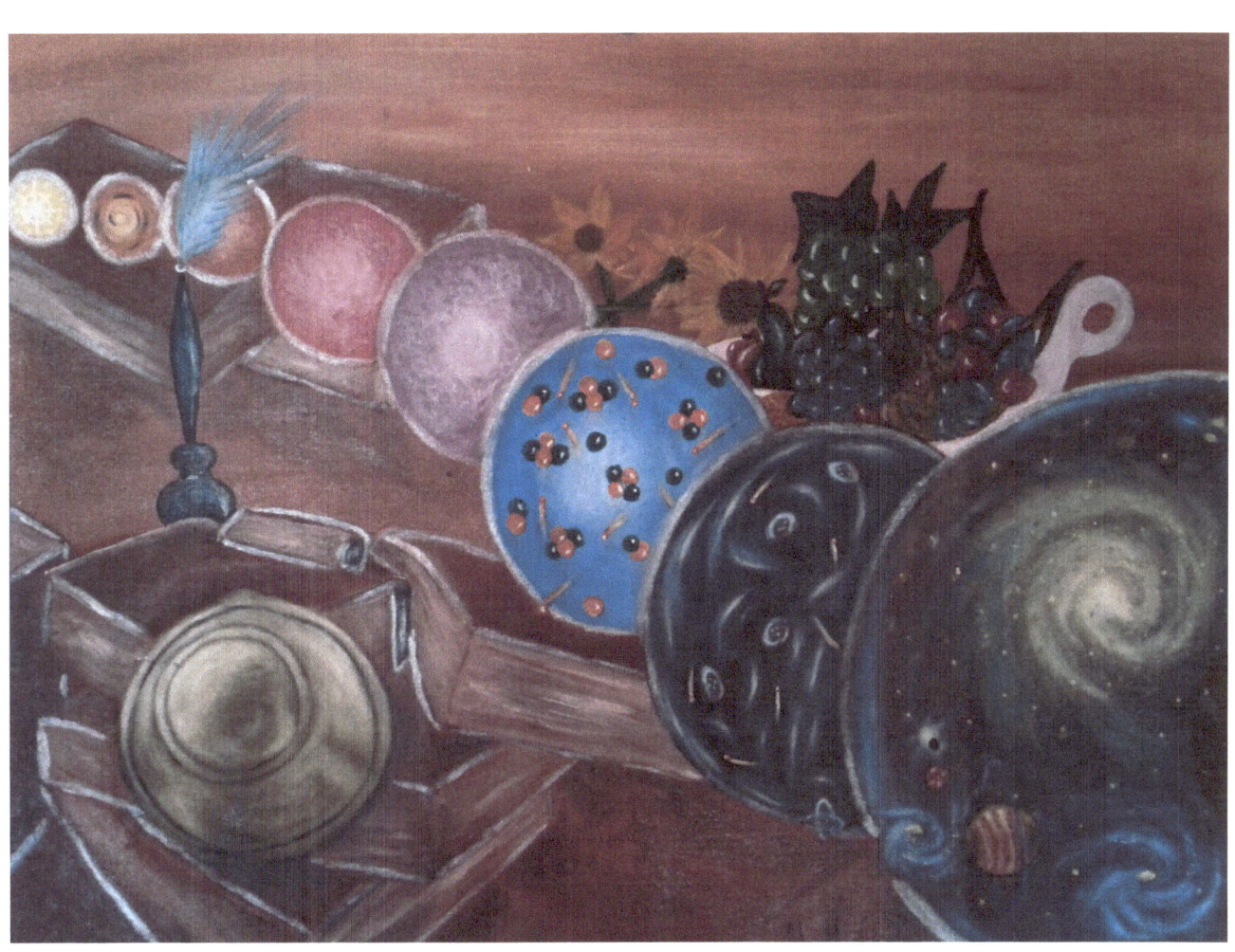

Öl- *Temps* (Original)

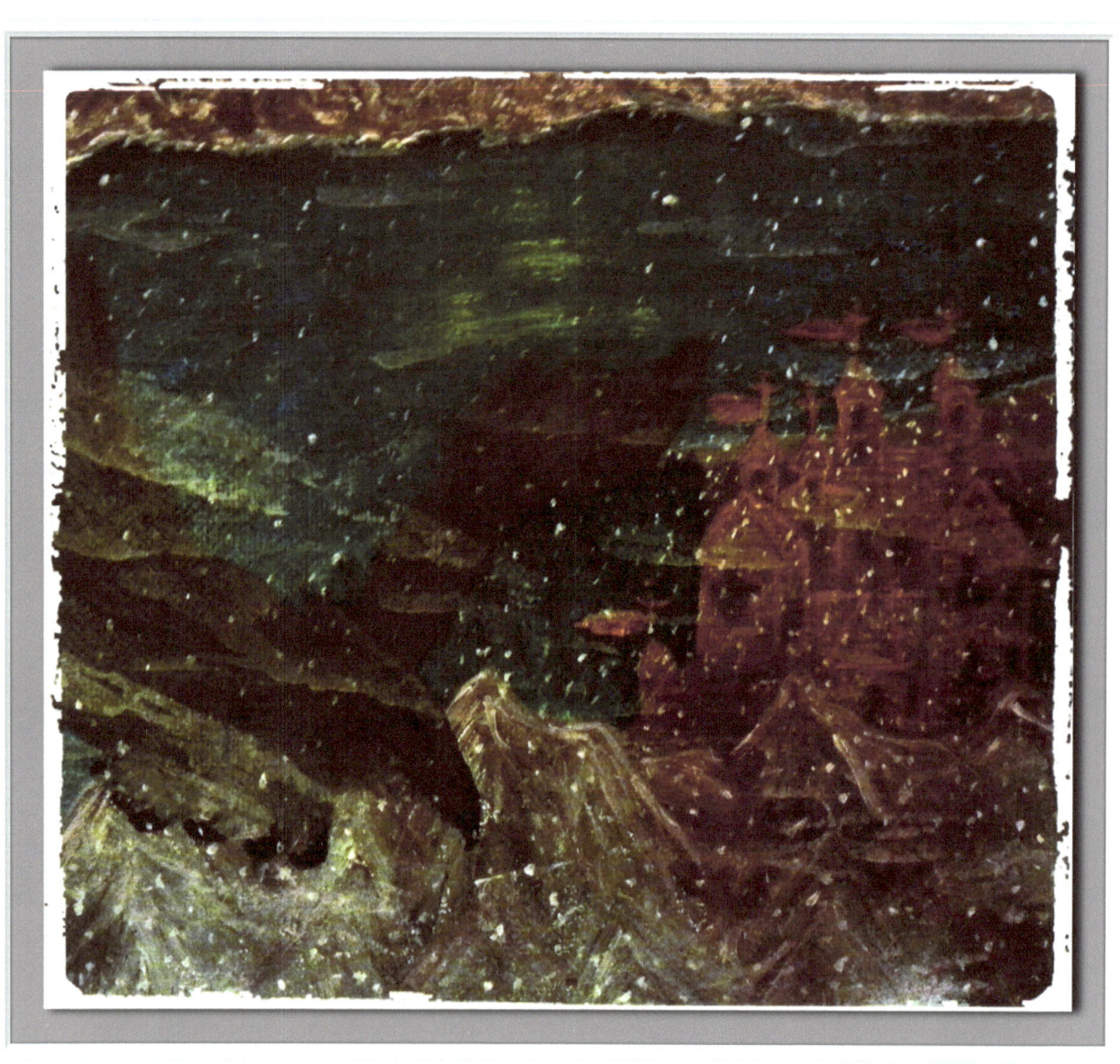

Öl-*Château rouge*

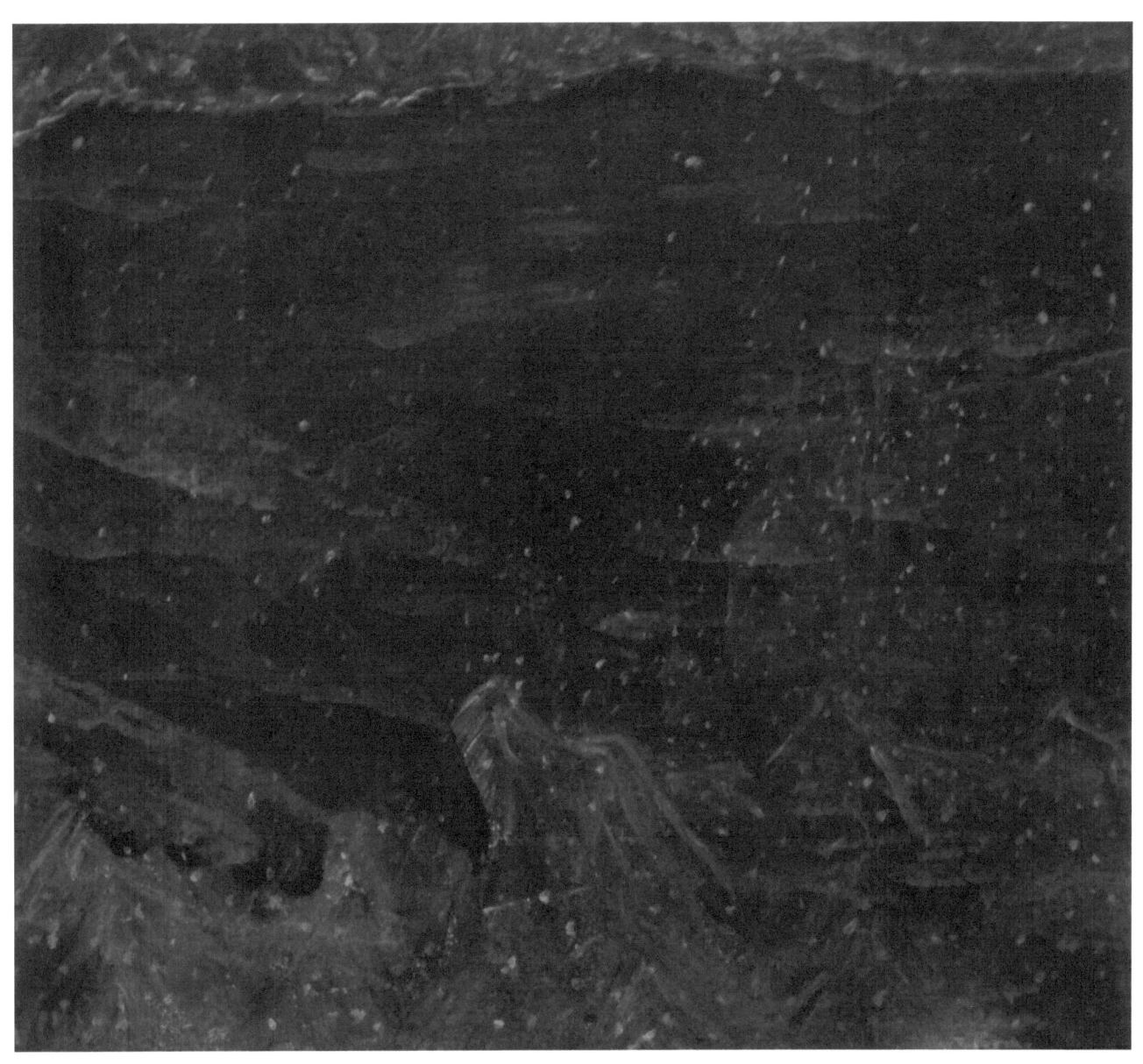

Öl-*Château rouge* (Original)

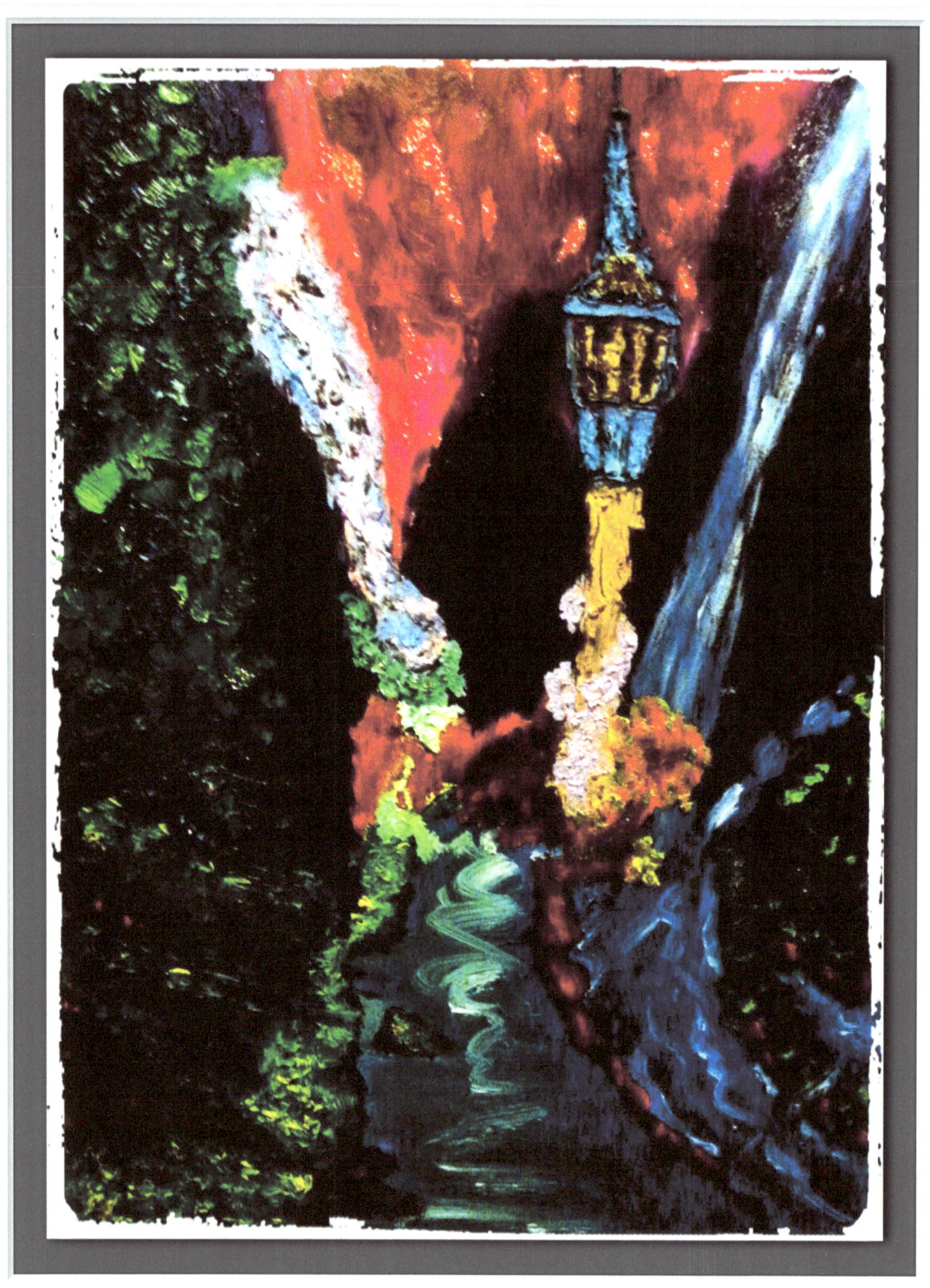

Öl-Château bleu

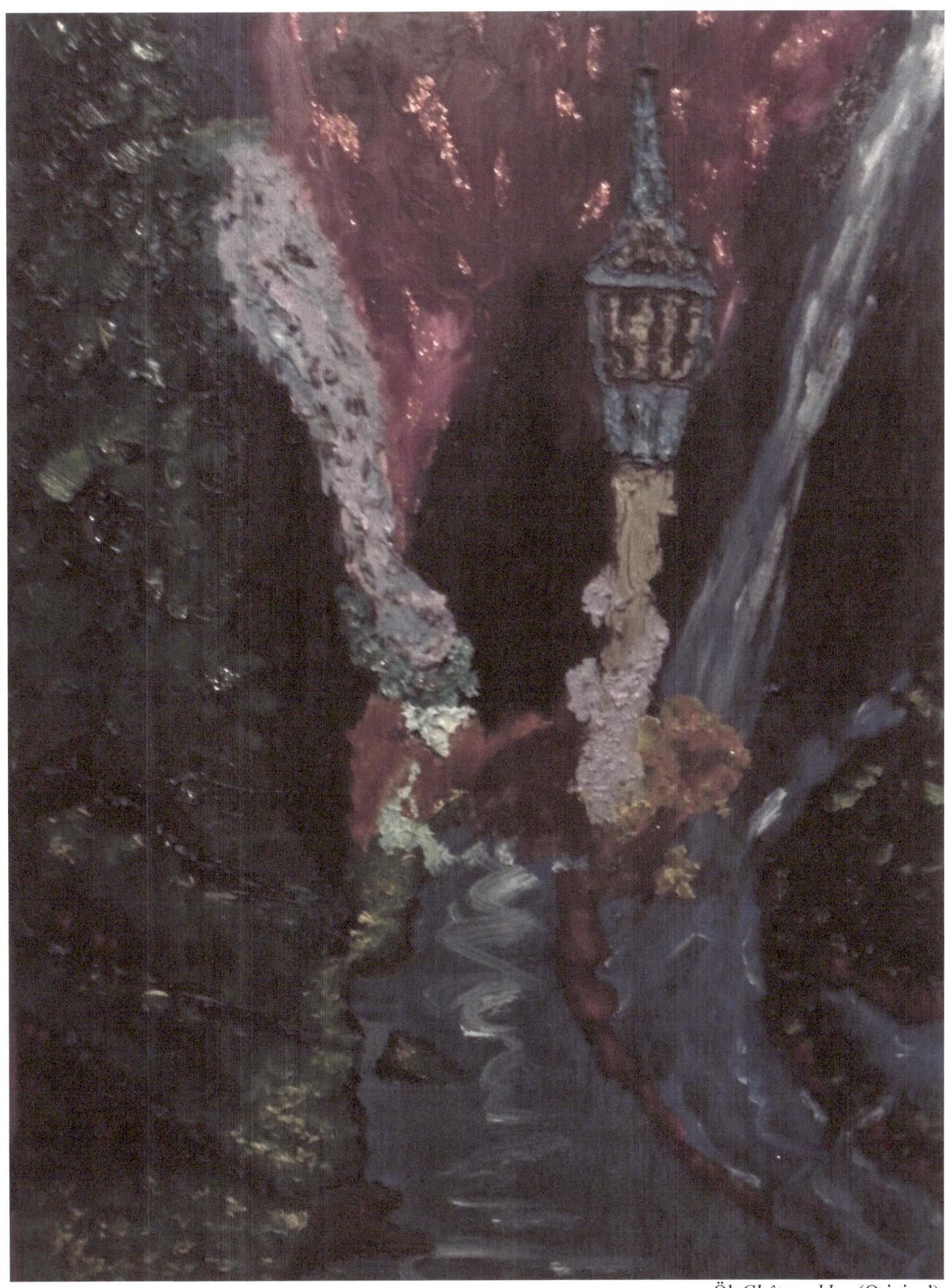

Öl-*Château bleu* (Original)

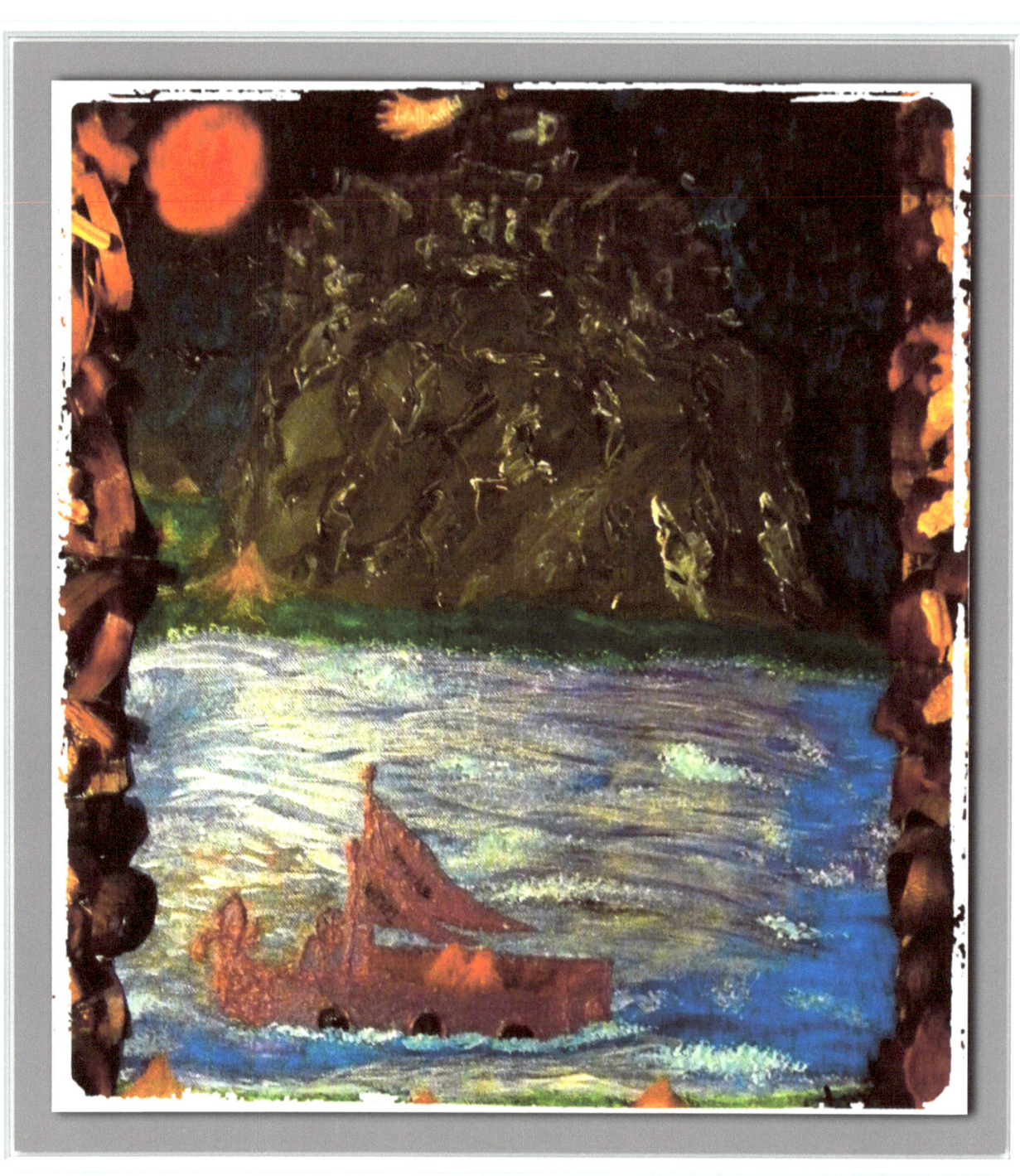

Öl-Château noir

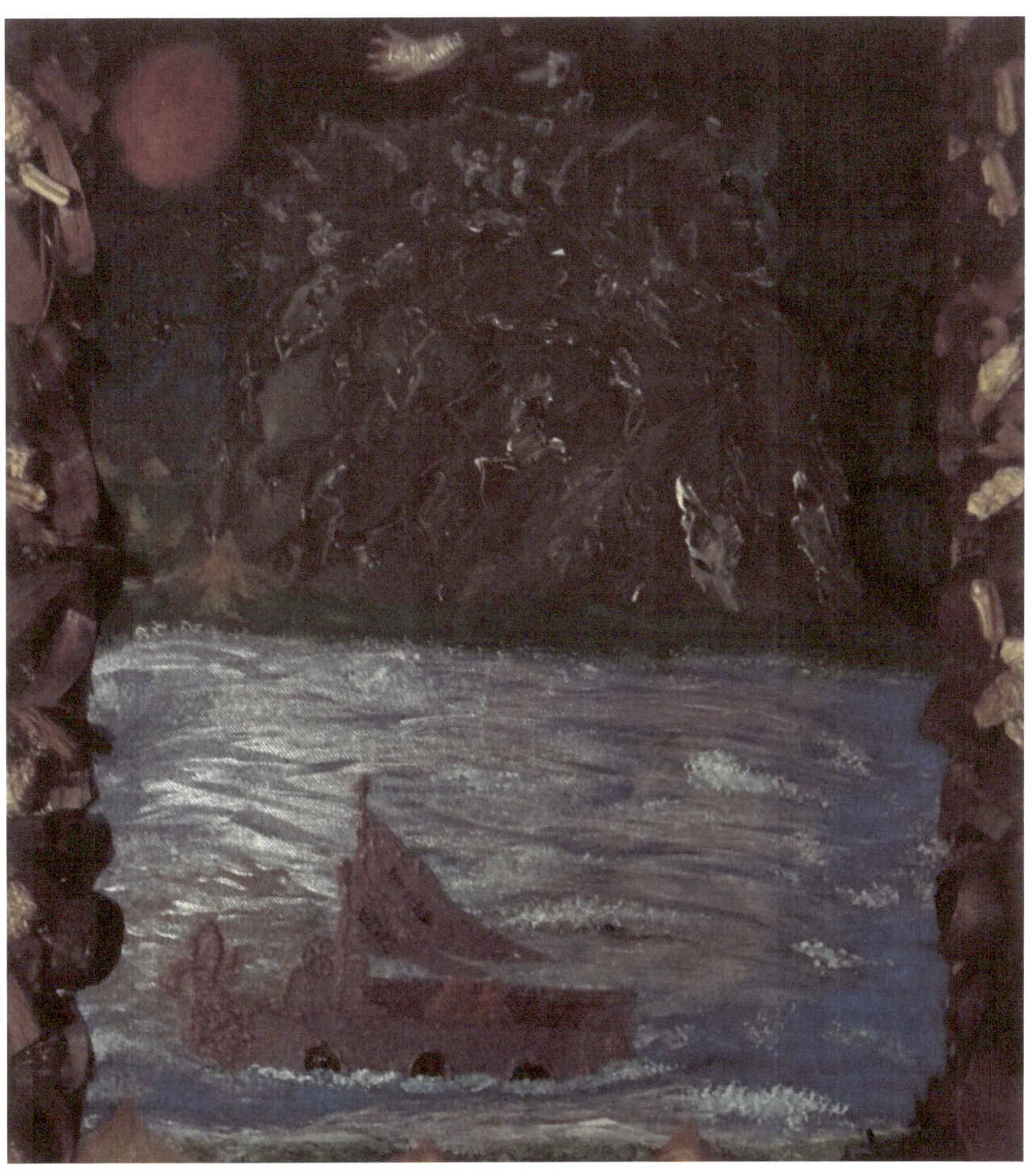

Öl-*Château noir* (Original)

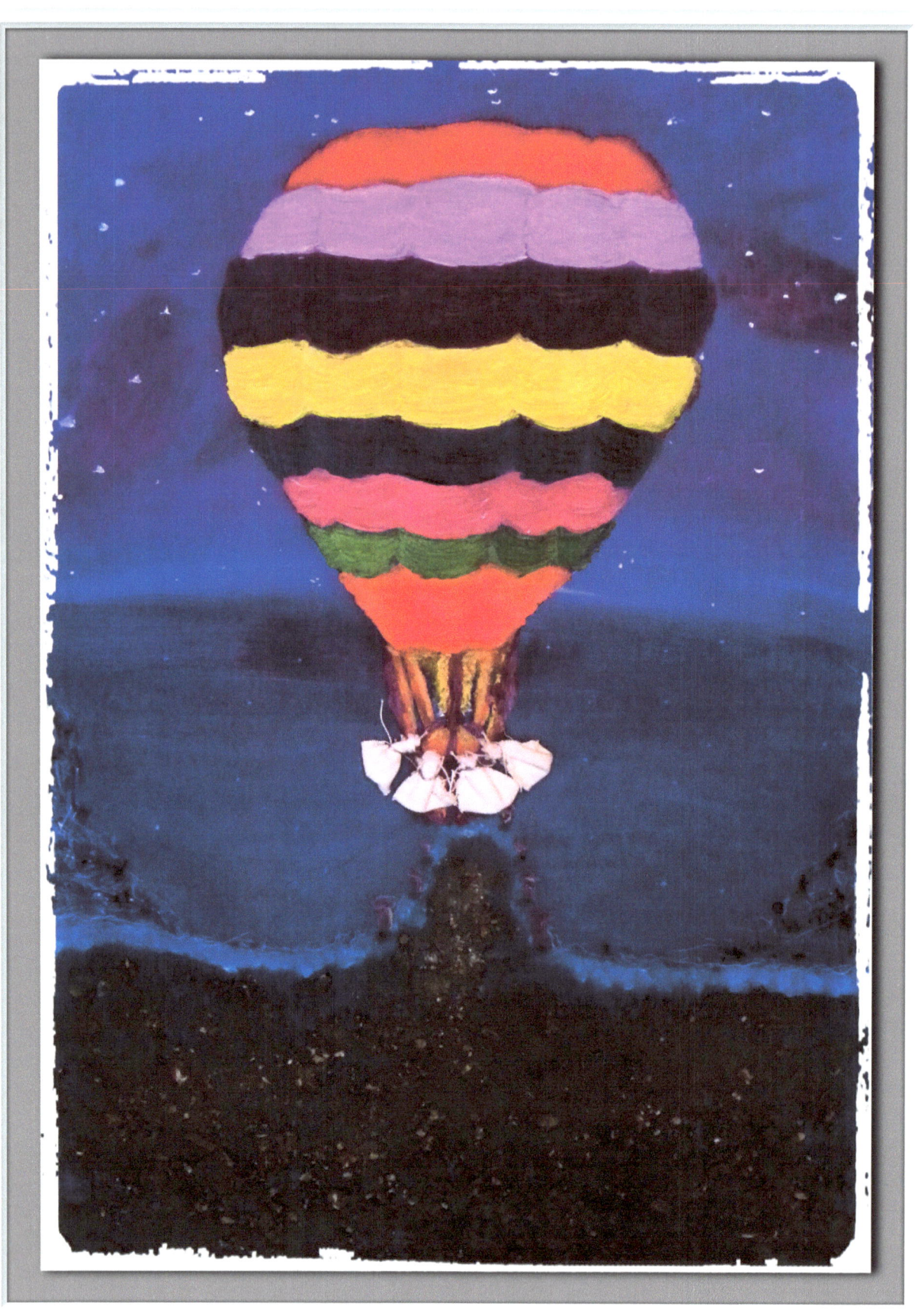

Öl- Montgolfière

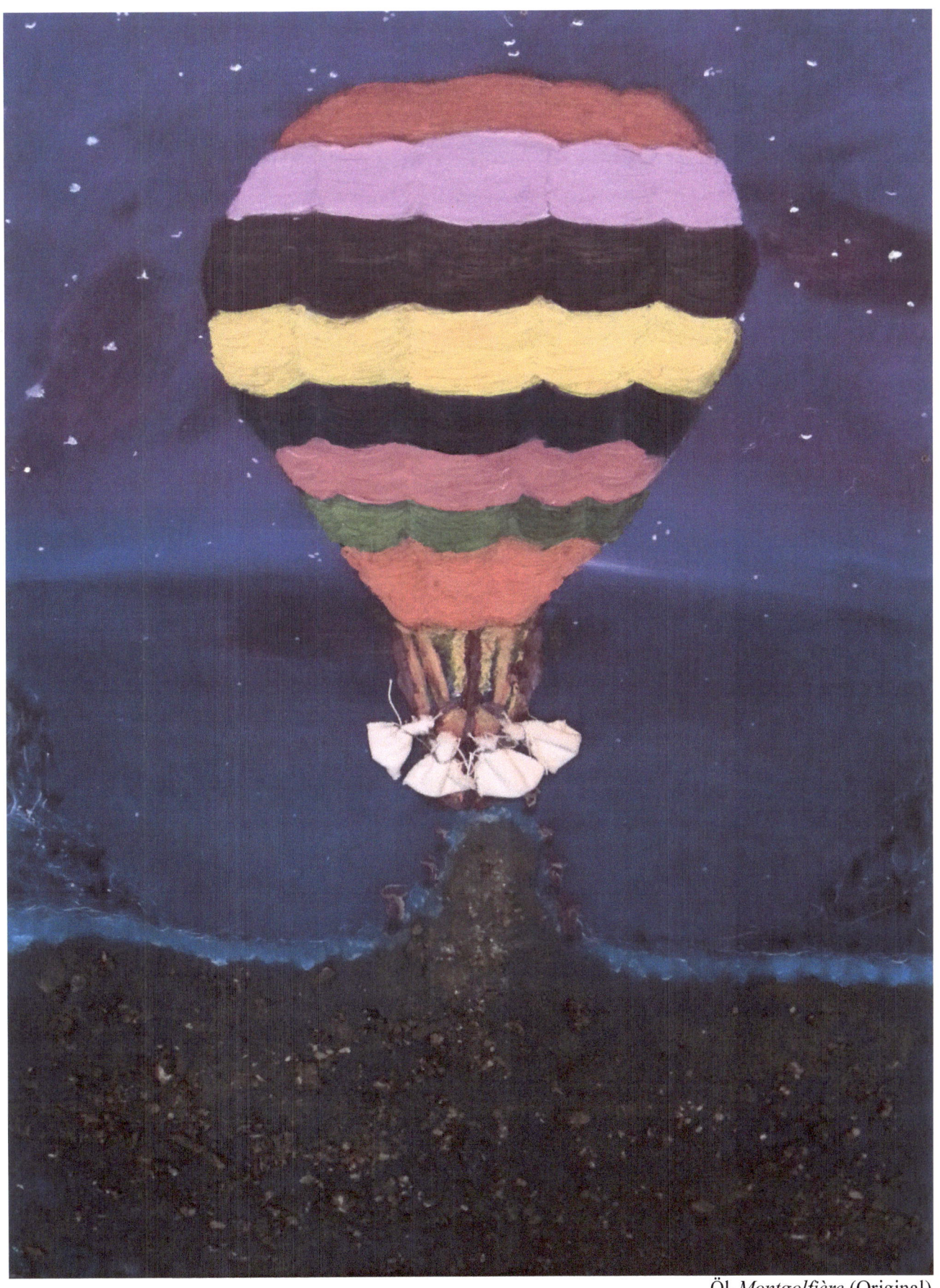

*Öl-*Montgolfière* (Original)*

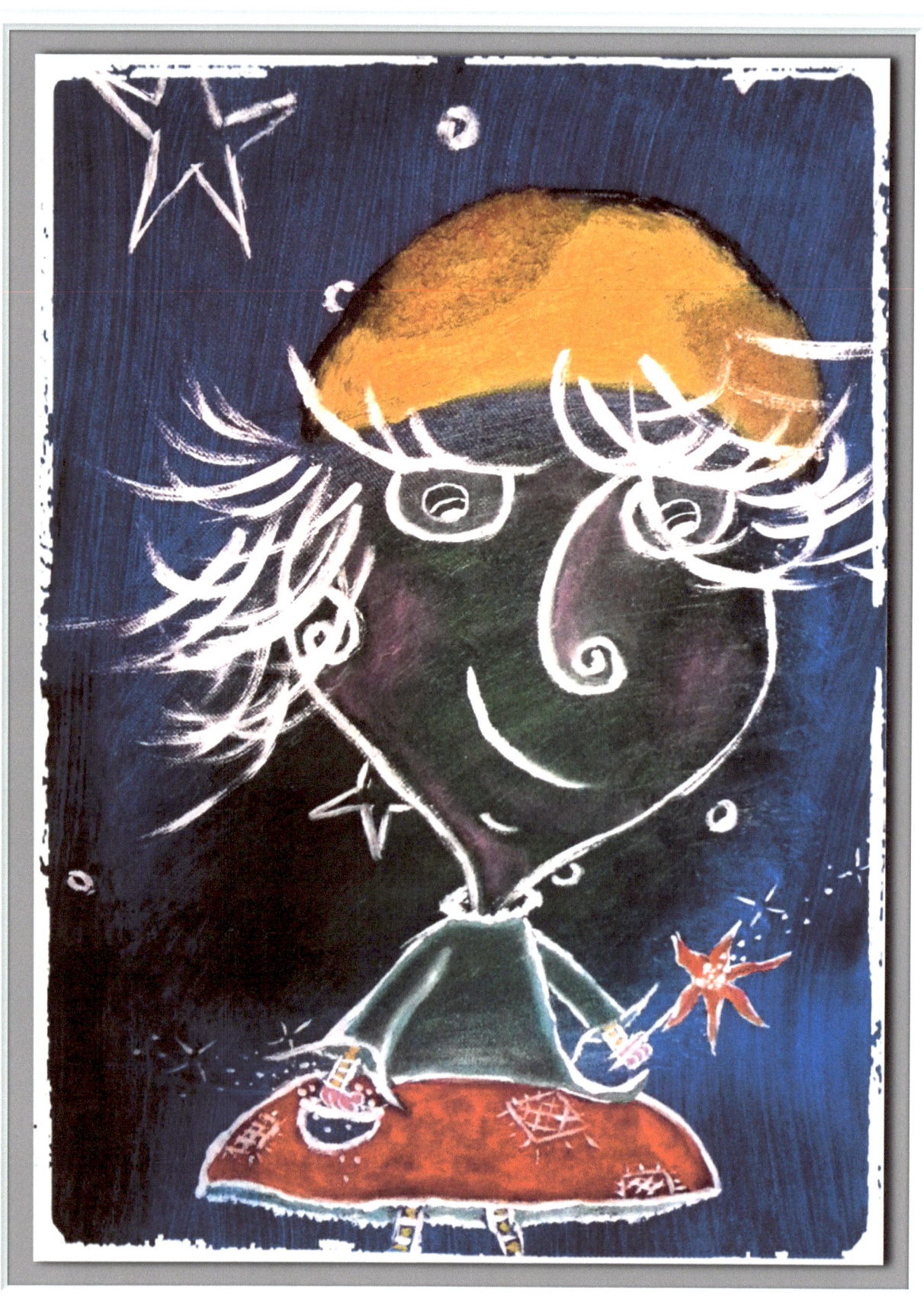

Öl-Grüneline

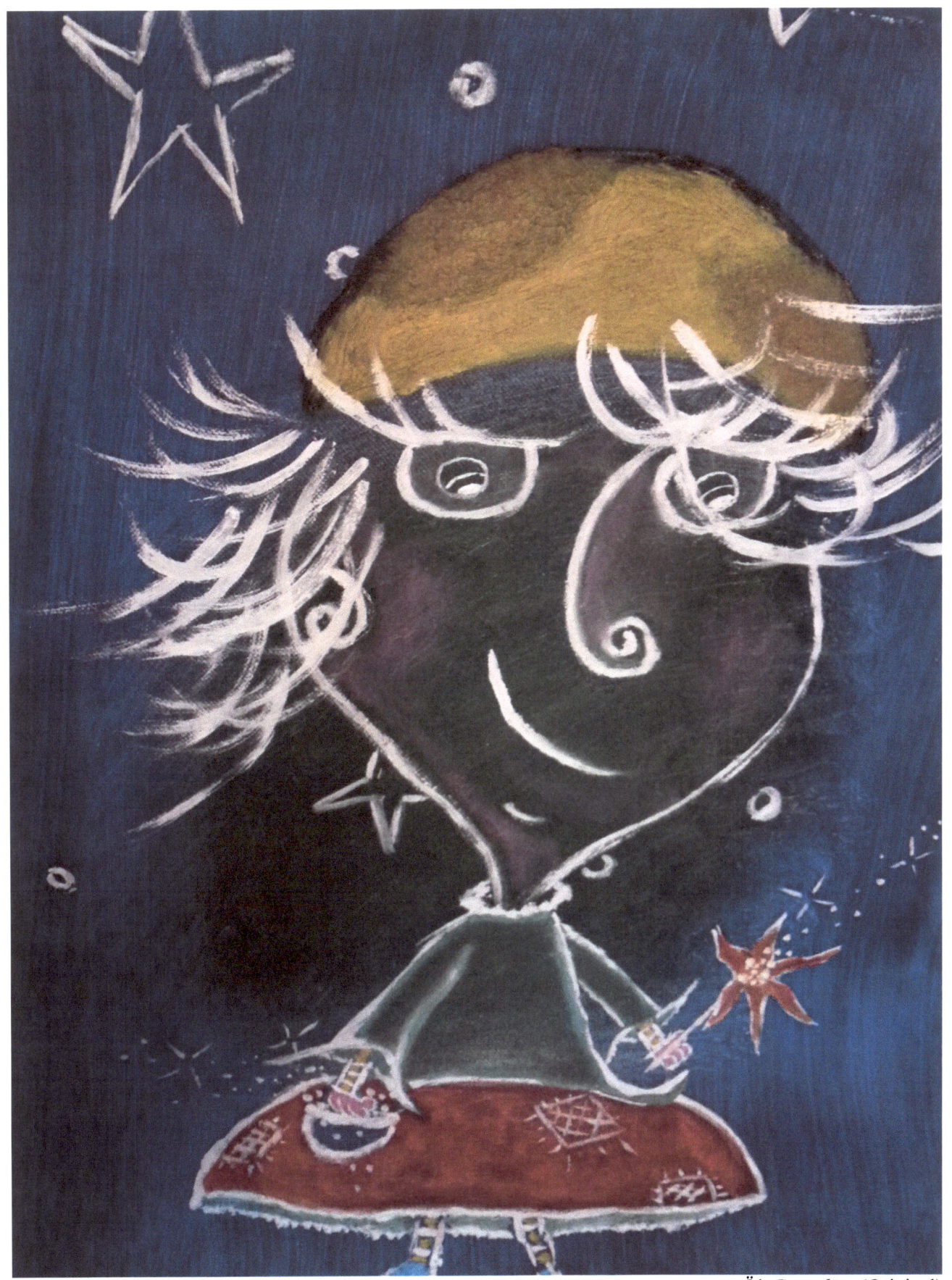

Öl-*Grüneline* (Original)

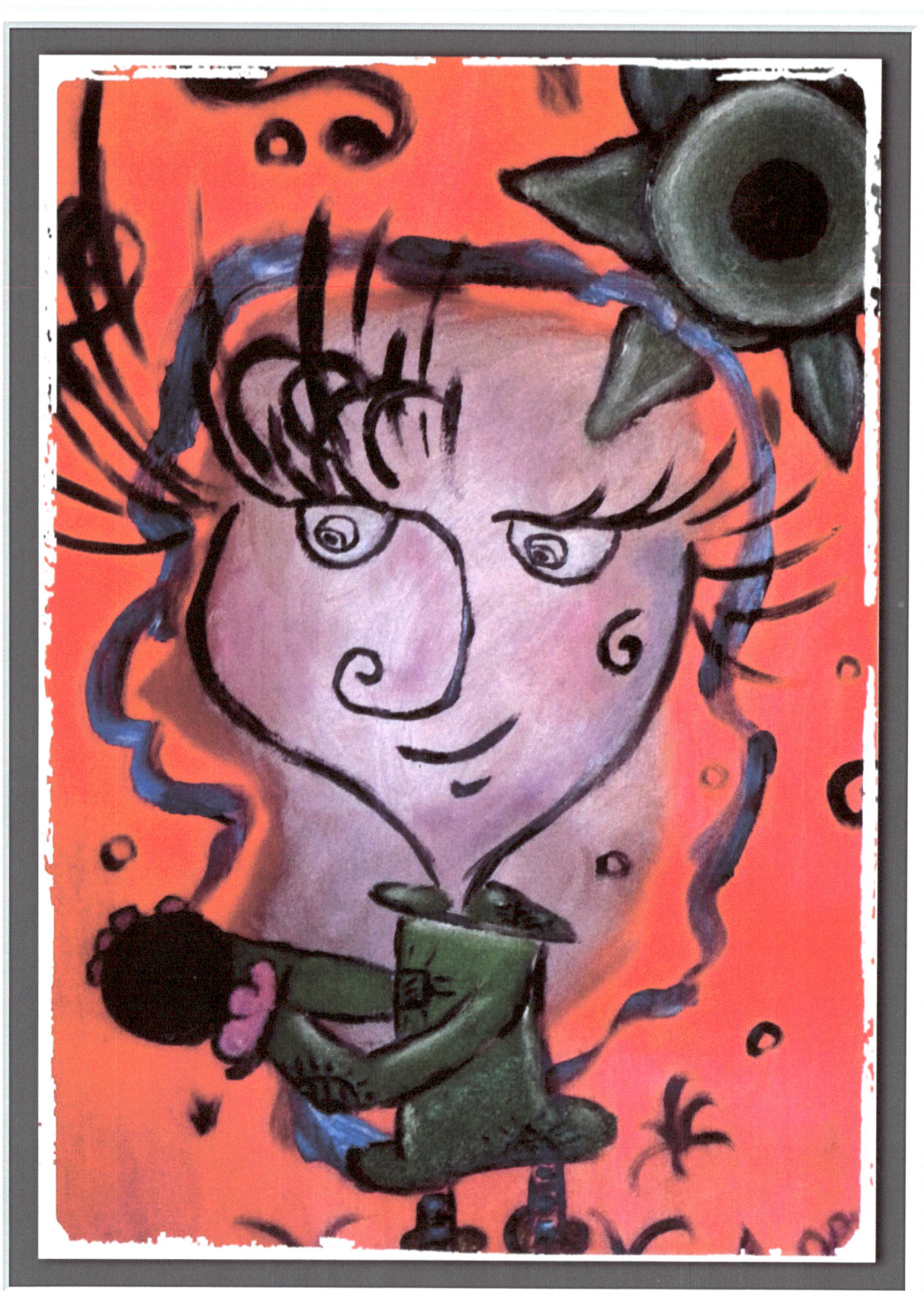

Öl-Grünlein

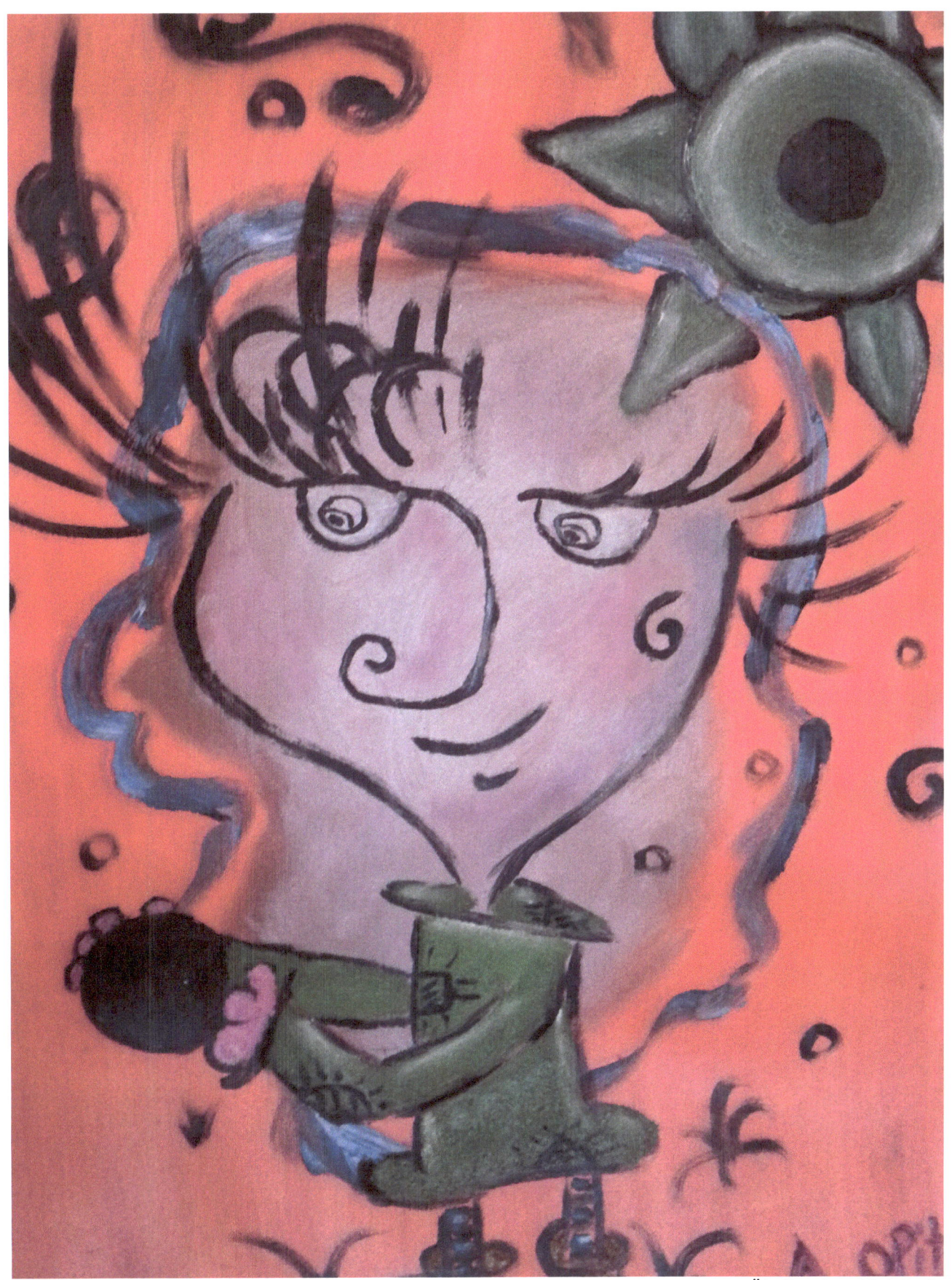

Öl-*Grünlein* (Original)

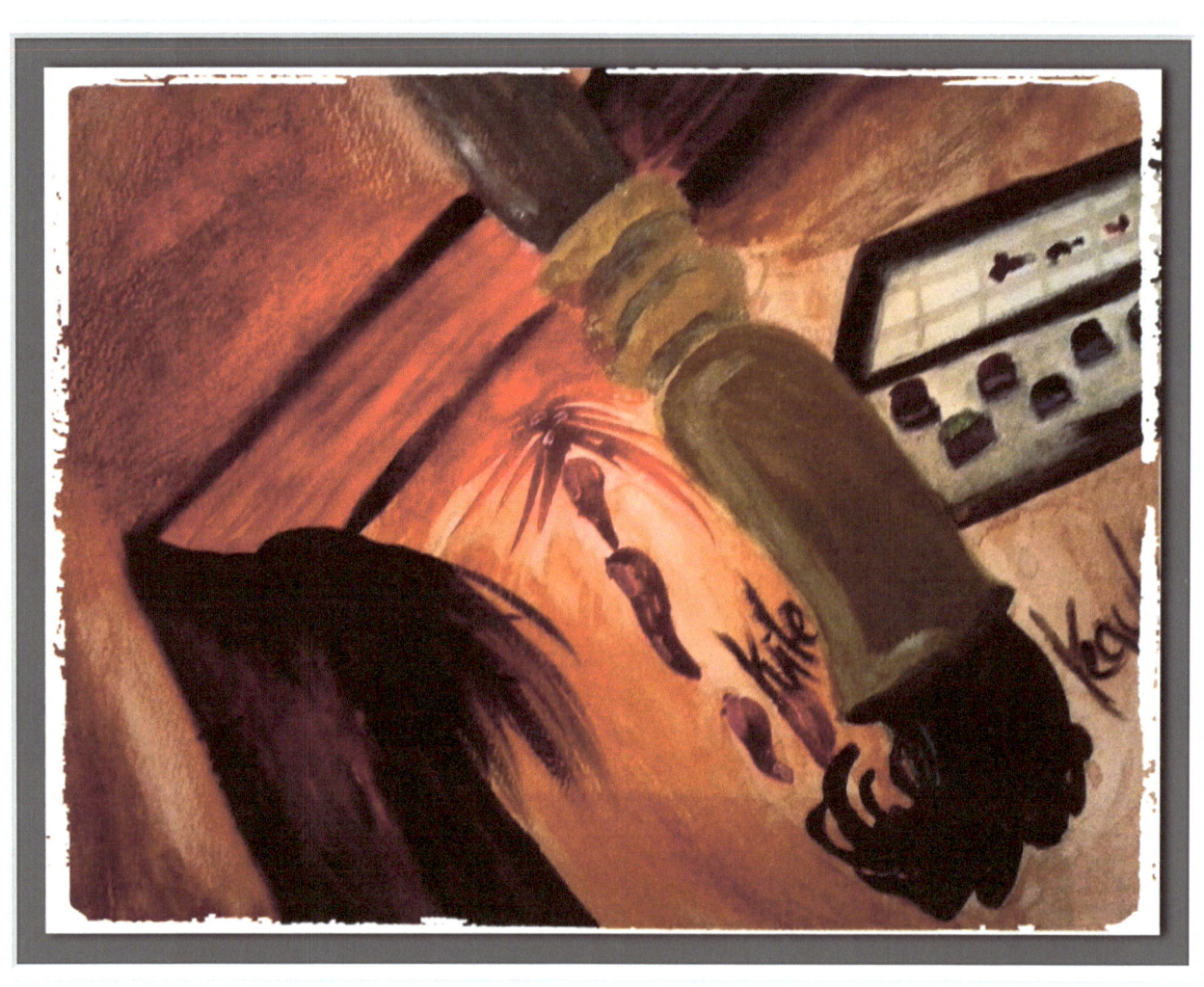

Öl- *Le Pinceau*

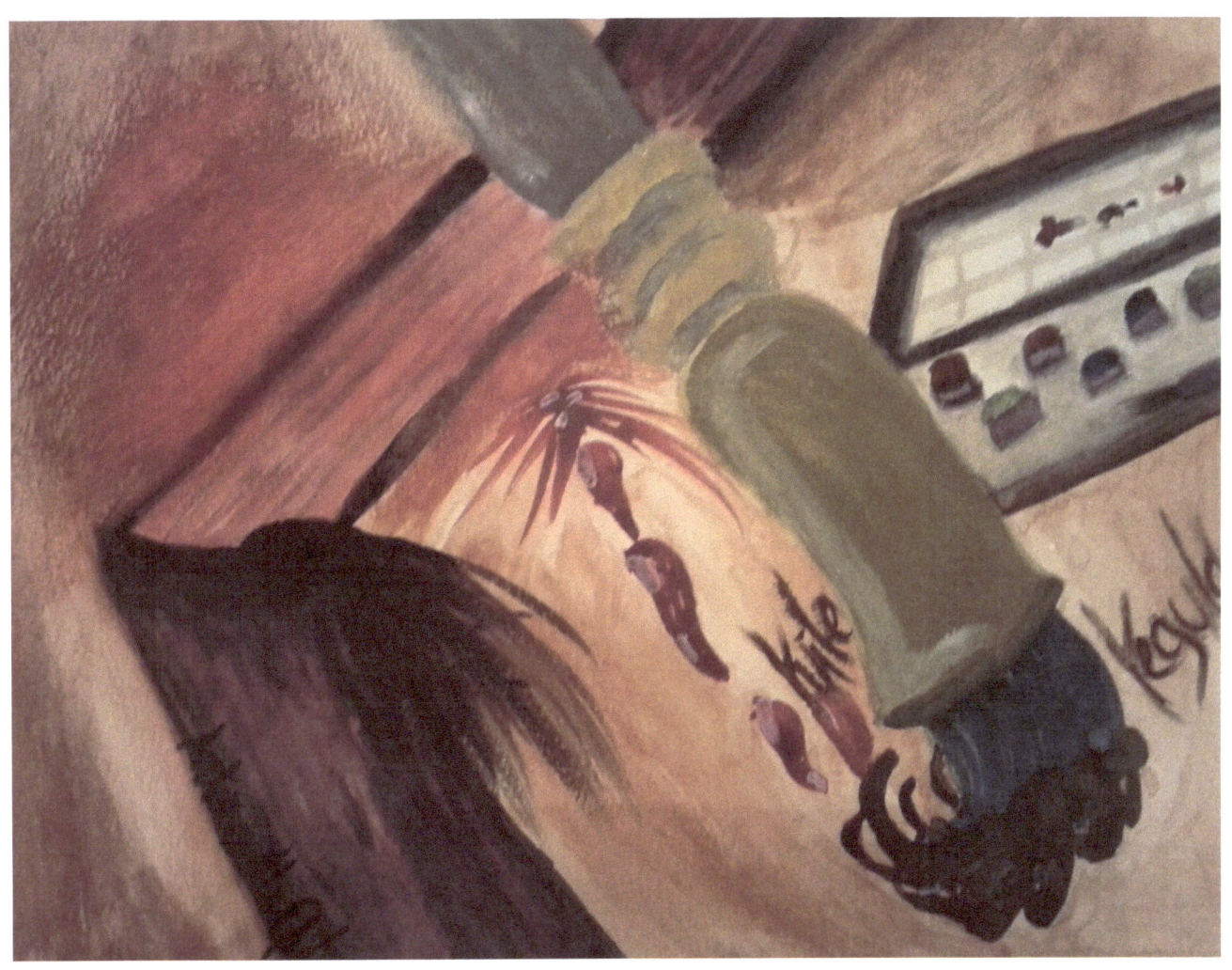

Öl- *Le Pinceau* (Original)

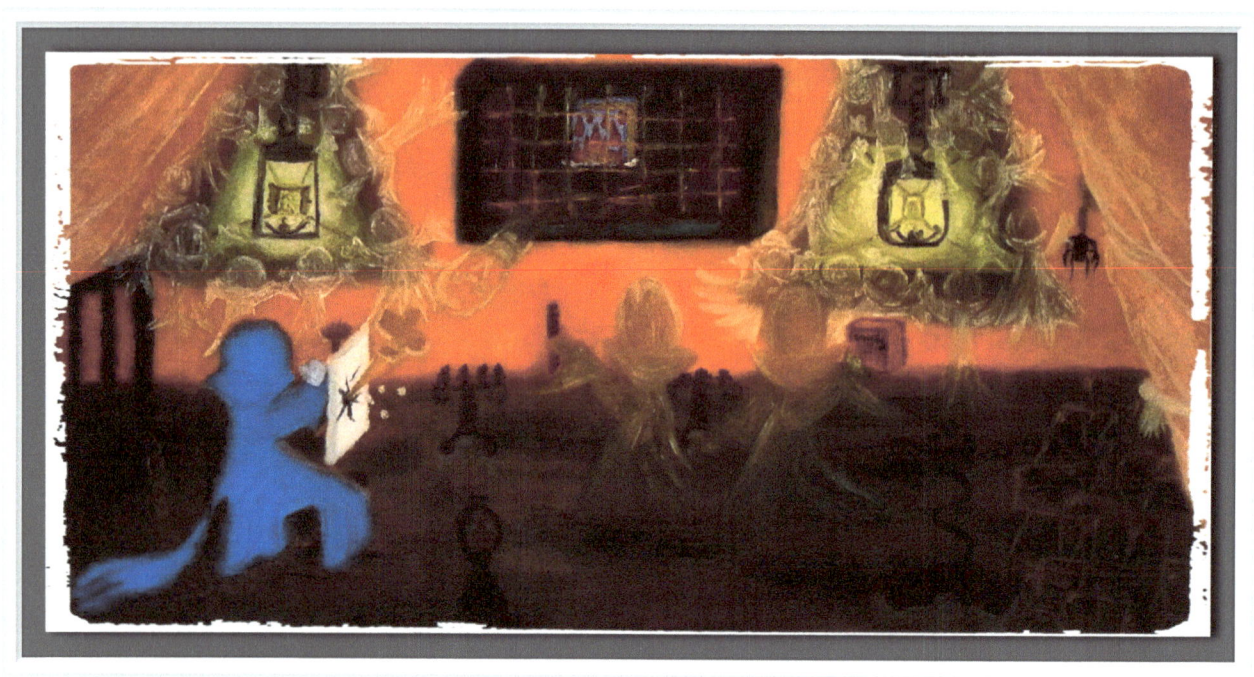

Öl-*Art*

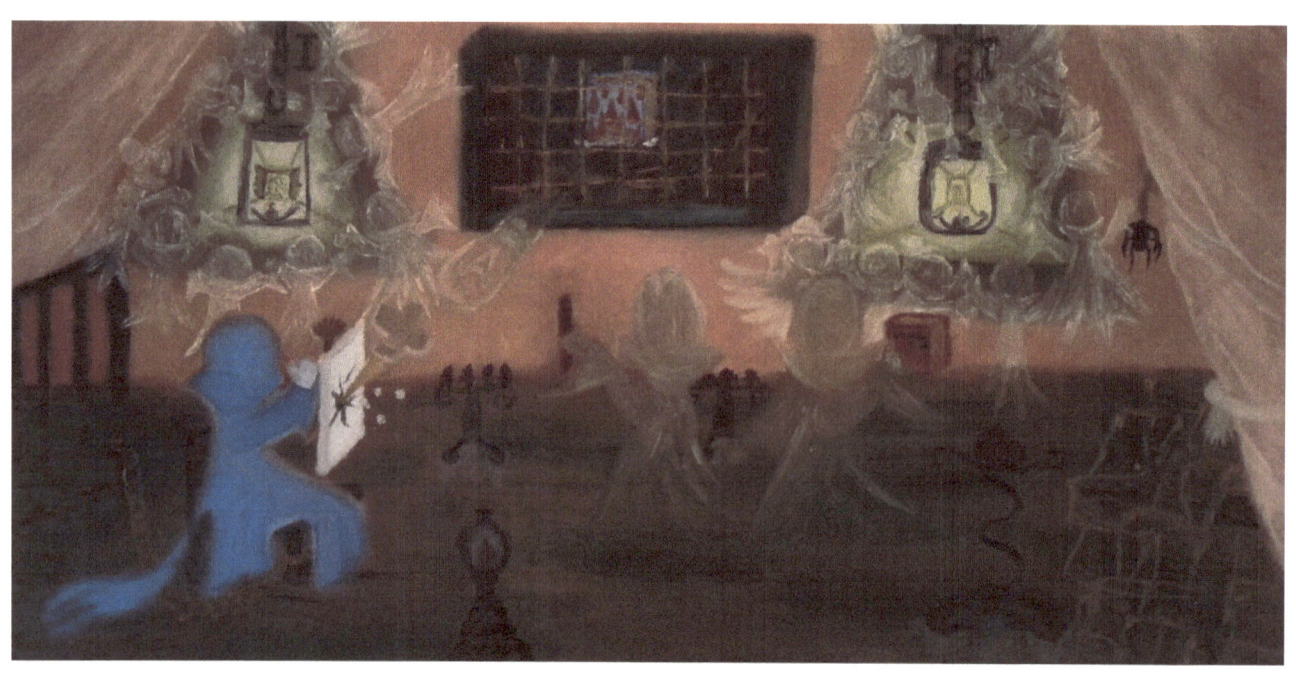

Öl-*Art* (Original)

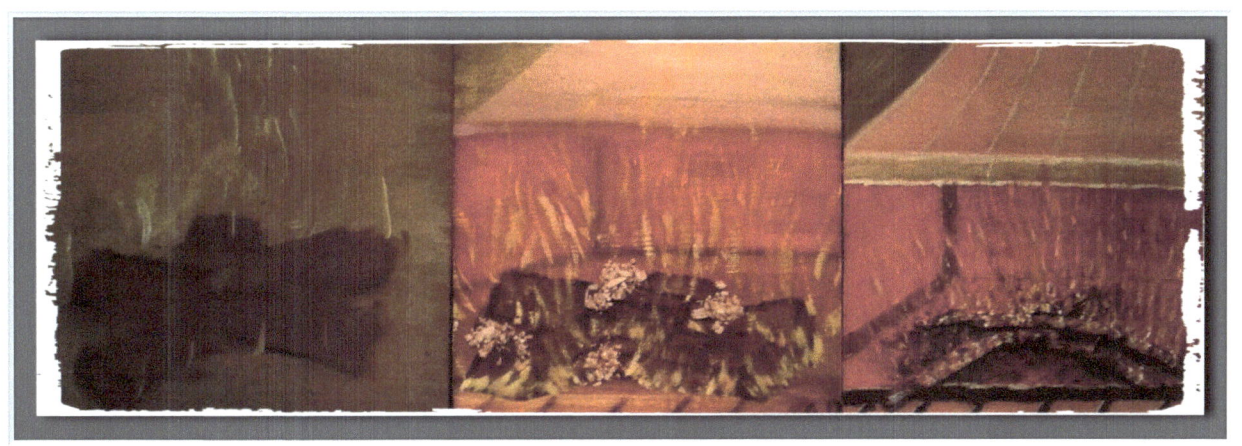

Öl-*Foyer*

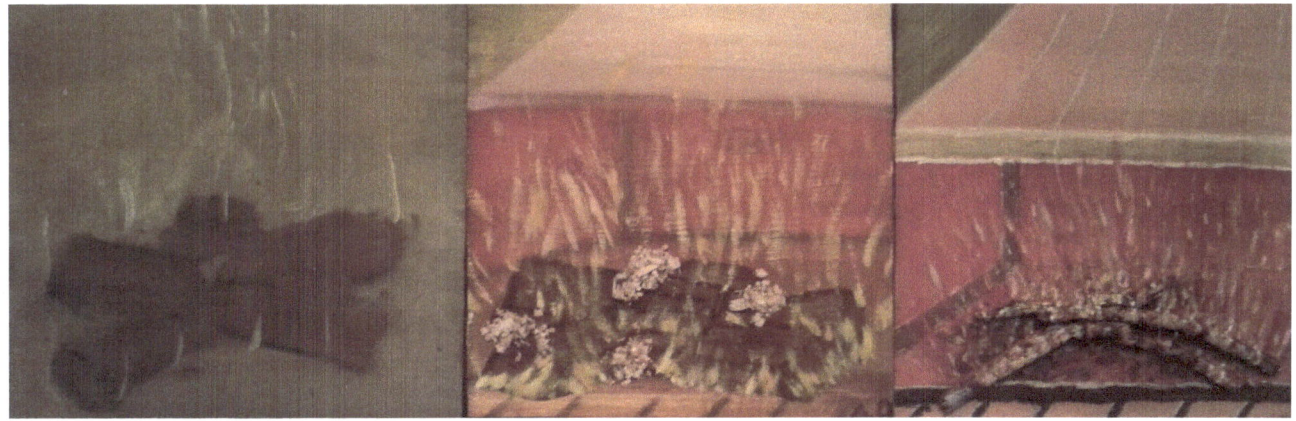

Öl-*Foyer* (Original)

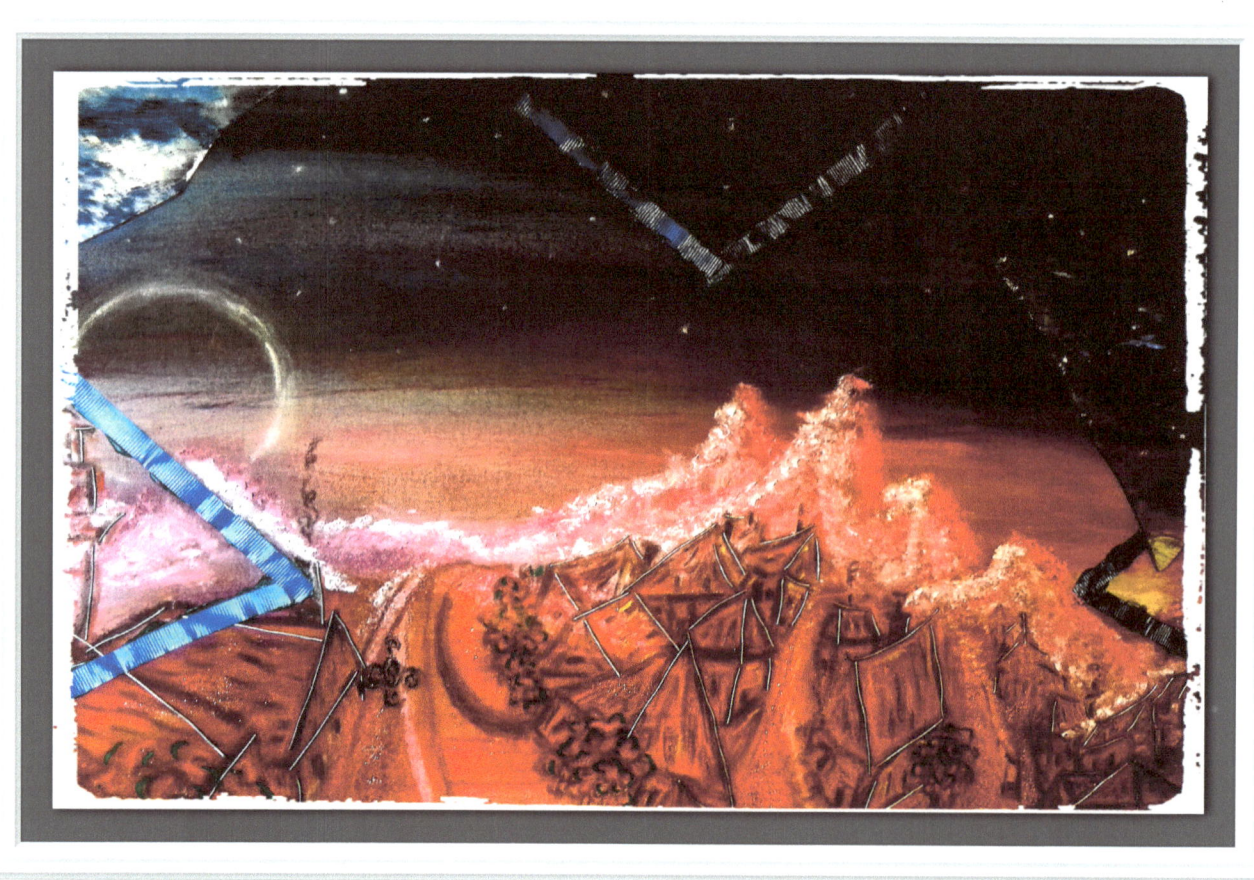

Öl- *Village ensorcelé*

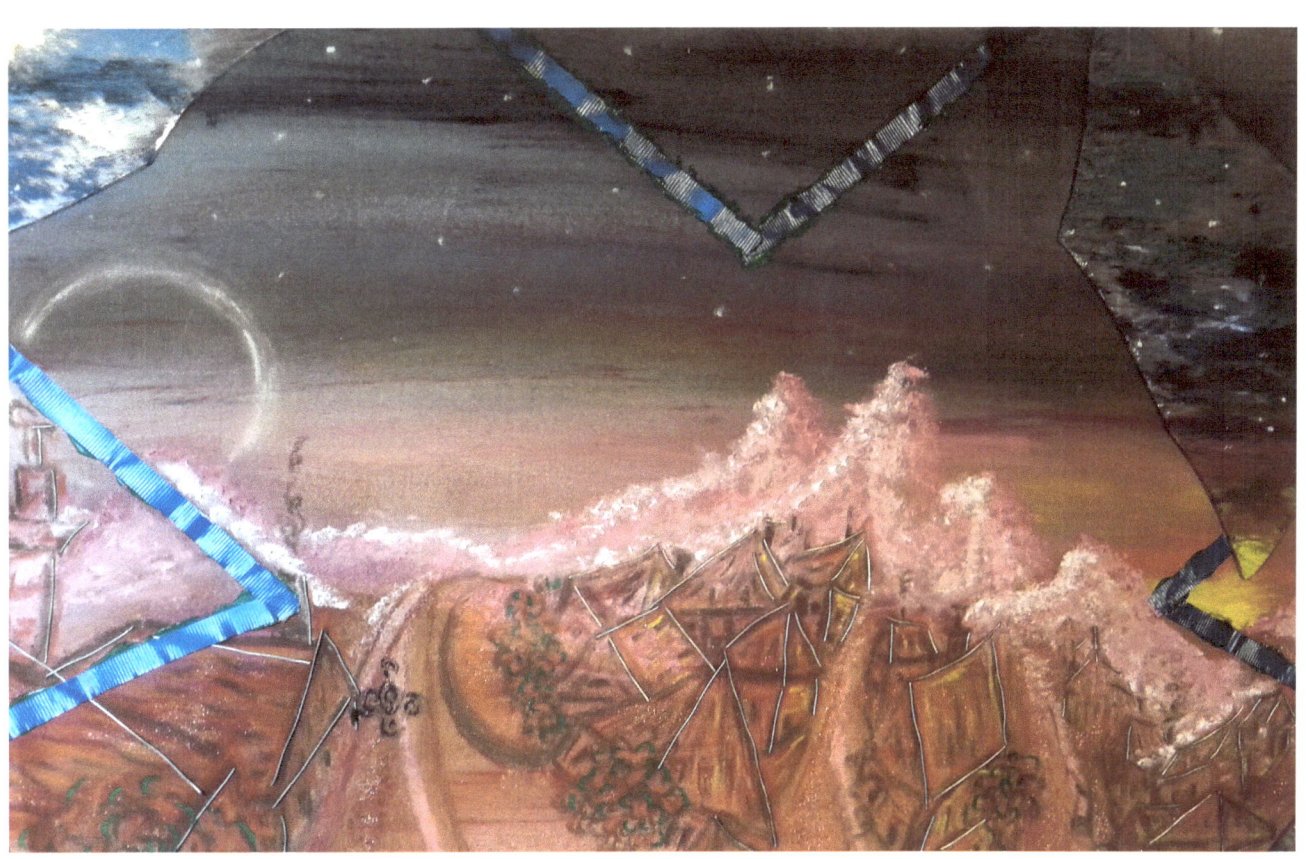

Öl-*Village ensorcelé* (Original)

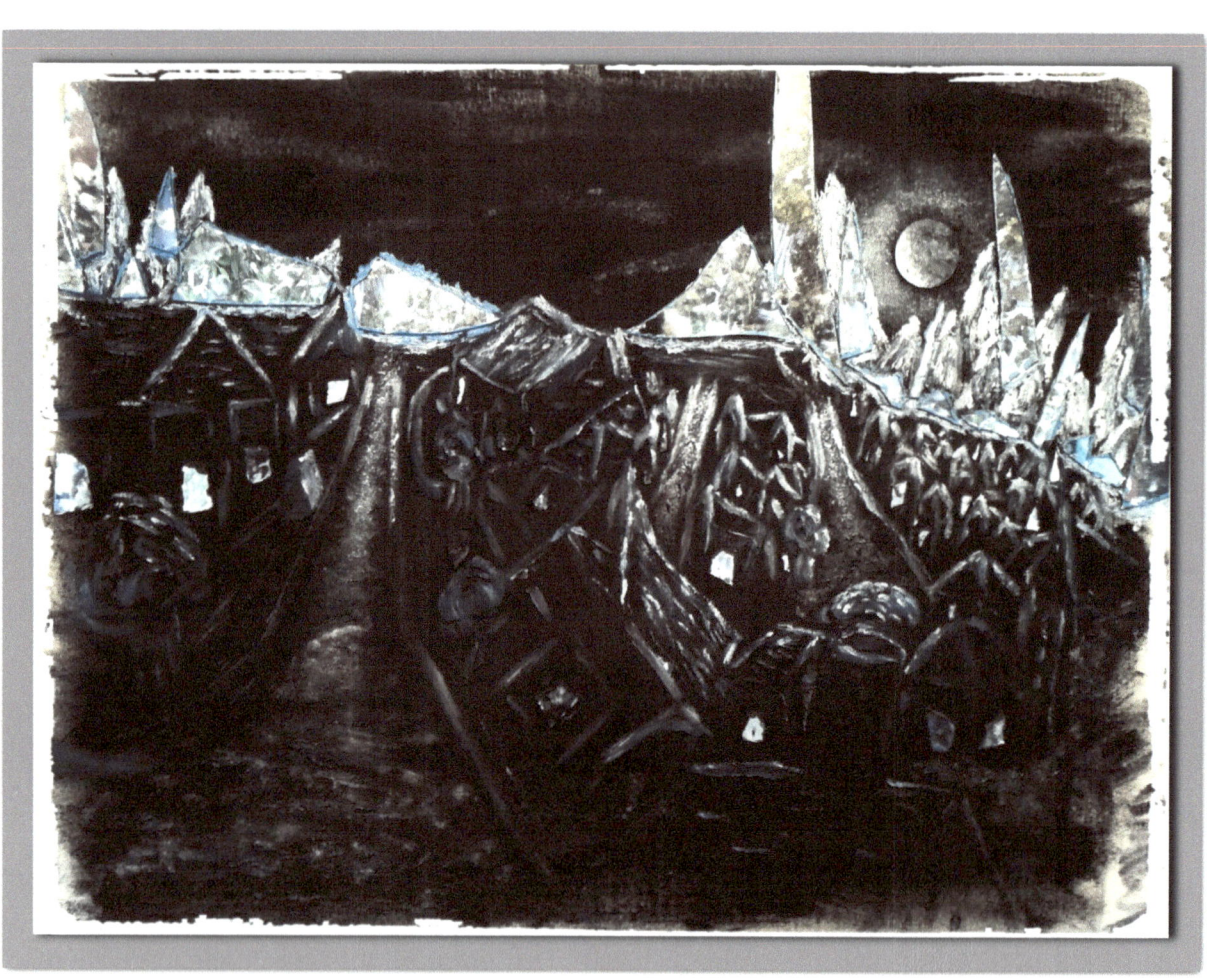

Öl- *Village ensorcelé*

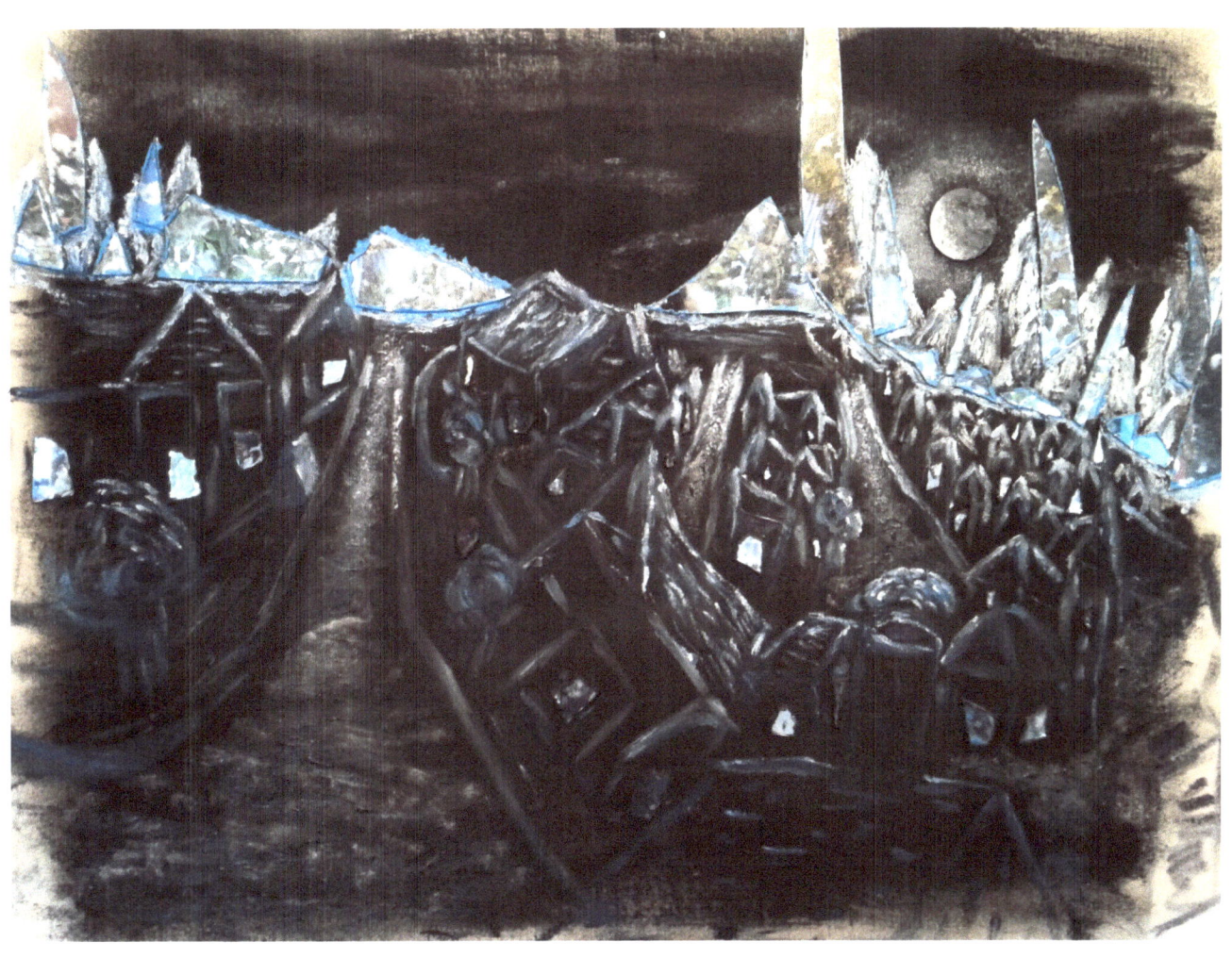

Öl-*Village ensorcelé* (Original)

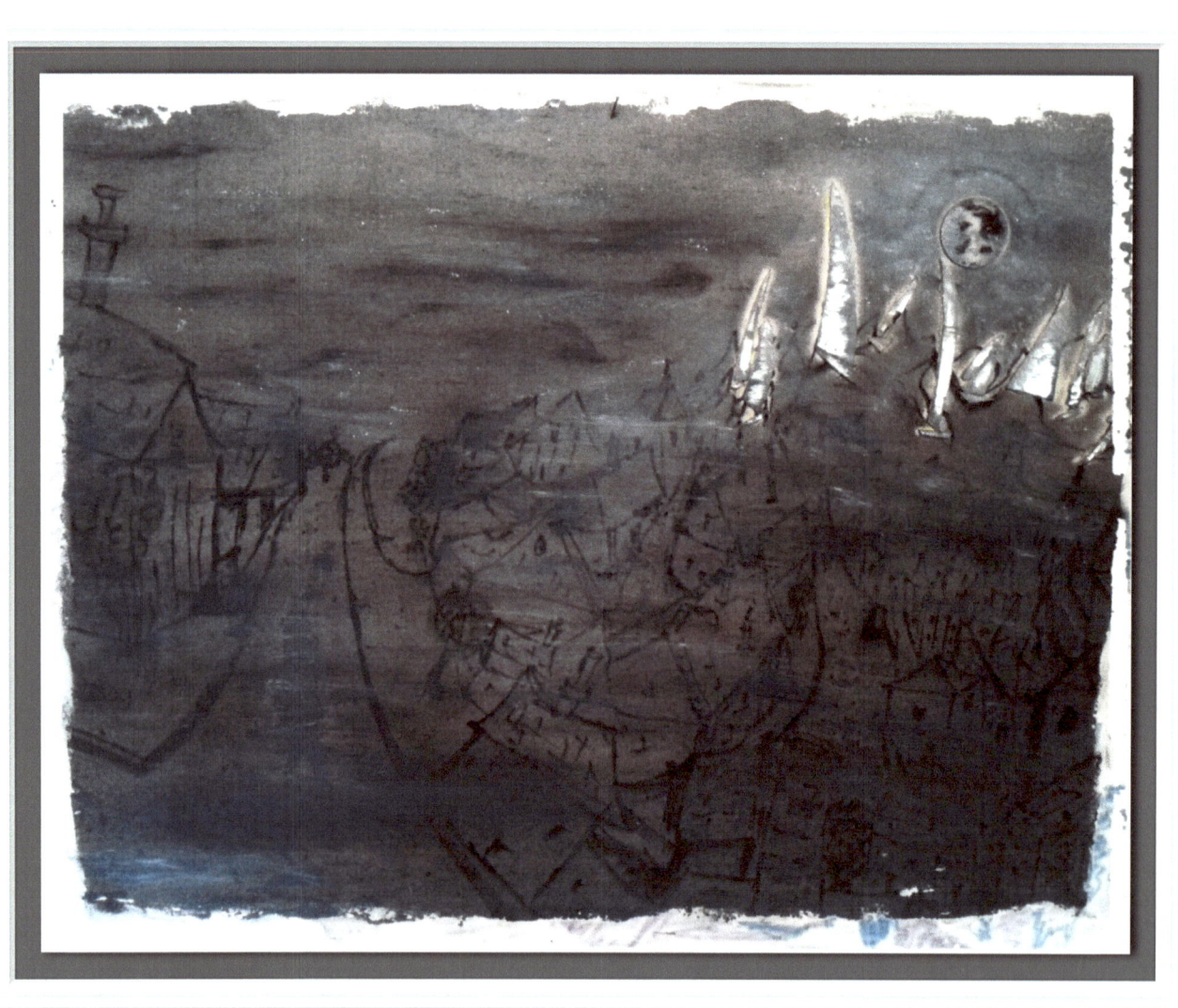

Öl- *Village ensorcelé*

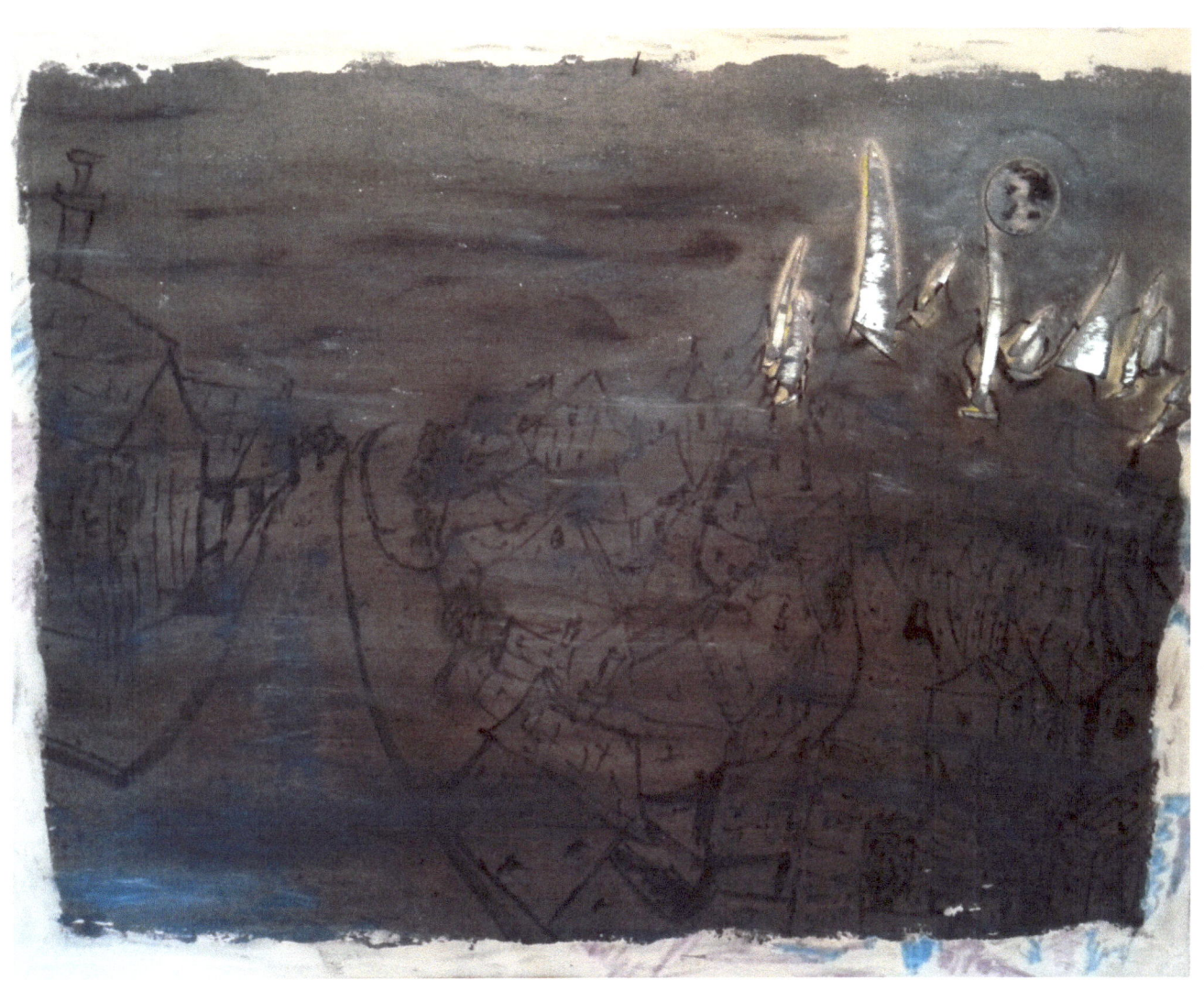

Öl-Village ensorcelé (Original)

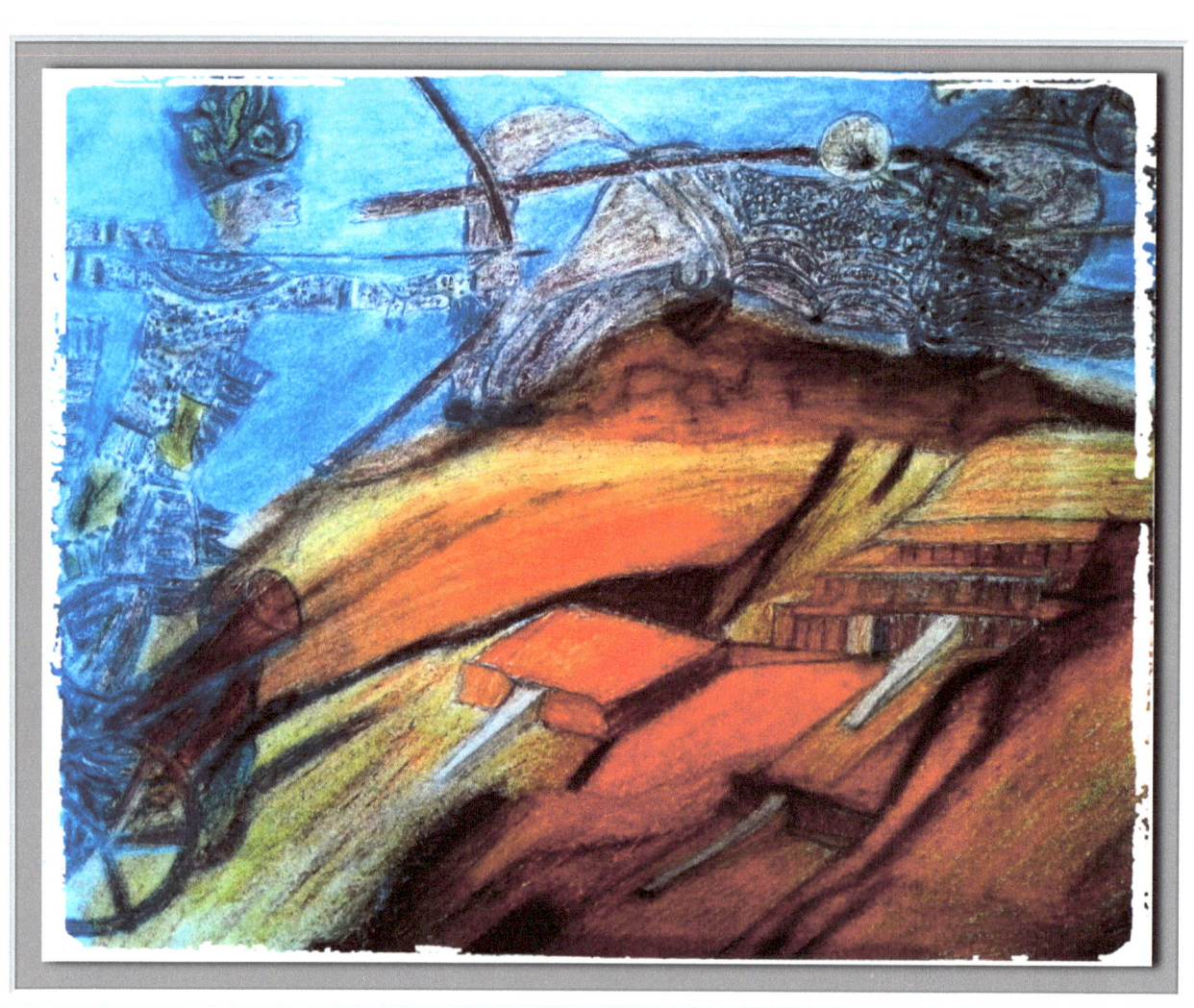

Crayons Bois-*Sable d'or*

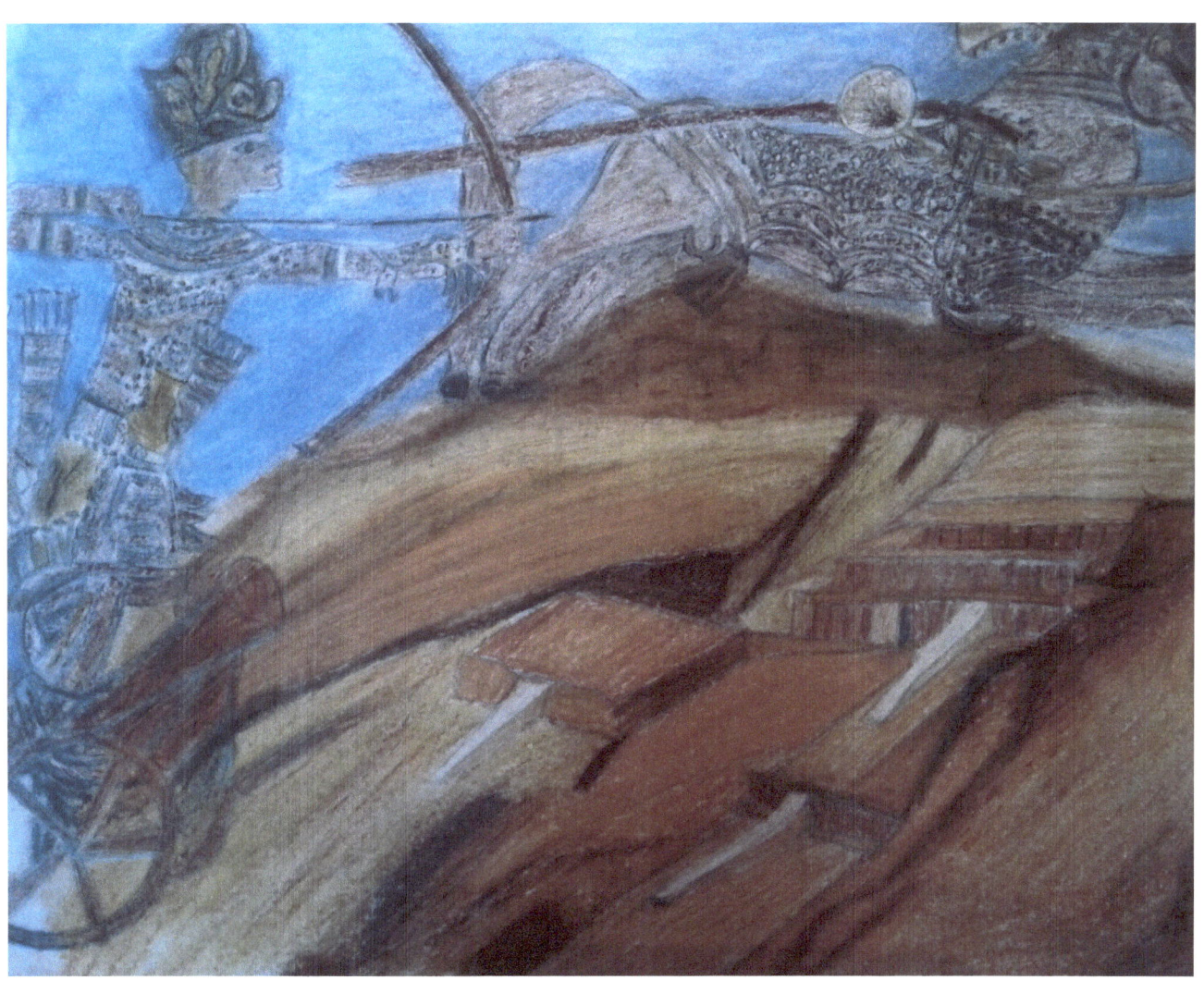

Crayons Bois-*Sable d'or* (Original)

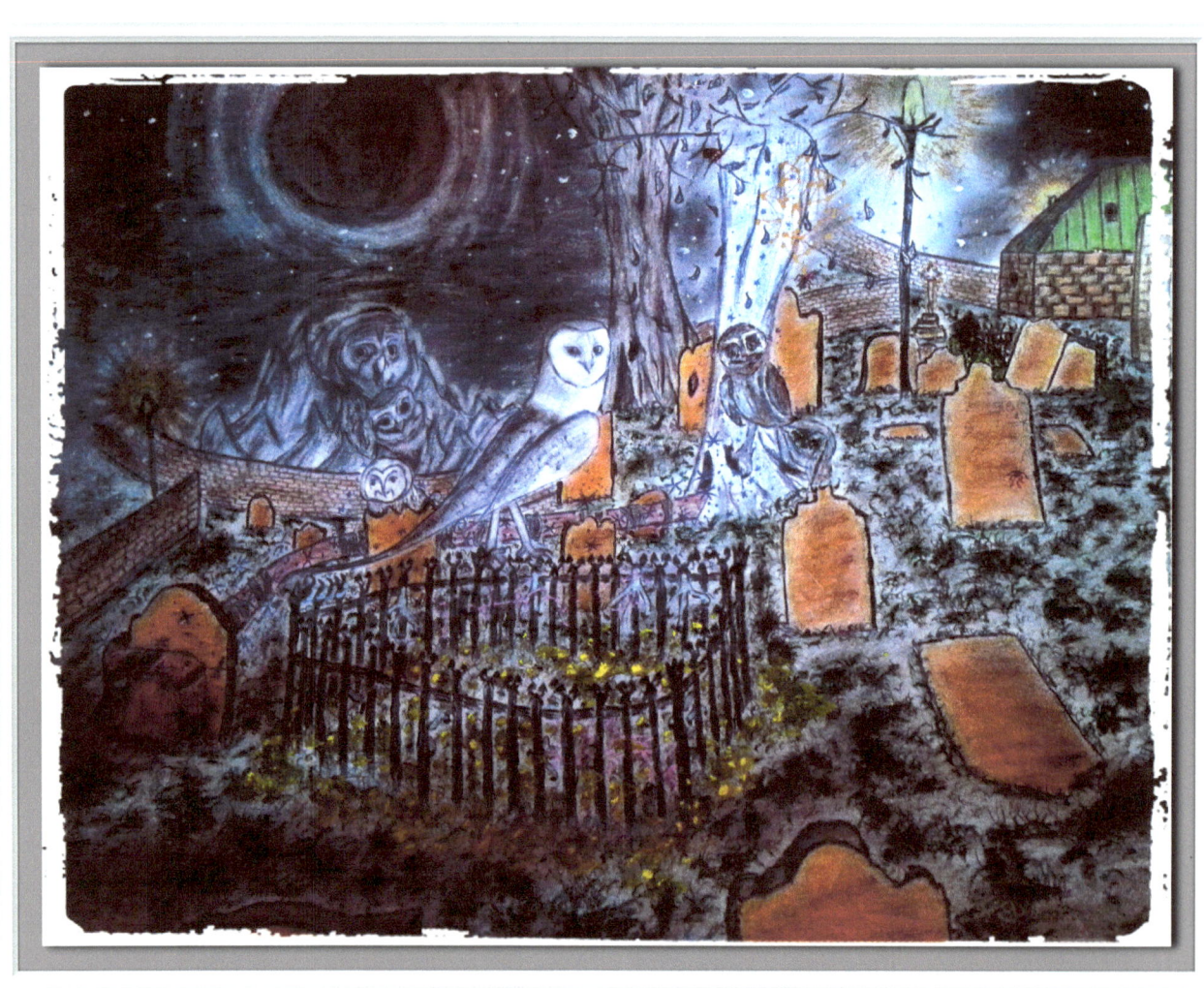

Pastel/Crayons bois-*Nuit ensorcelée*

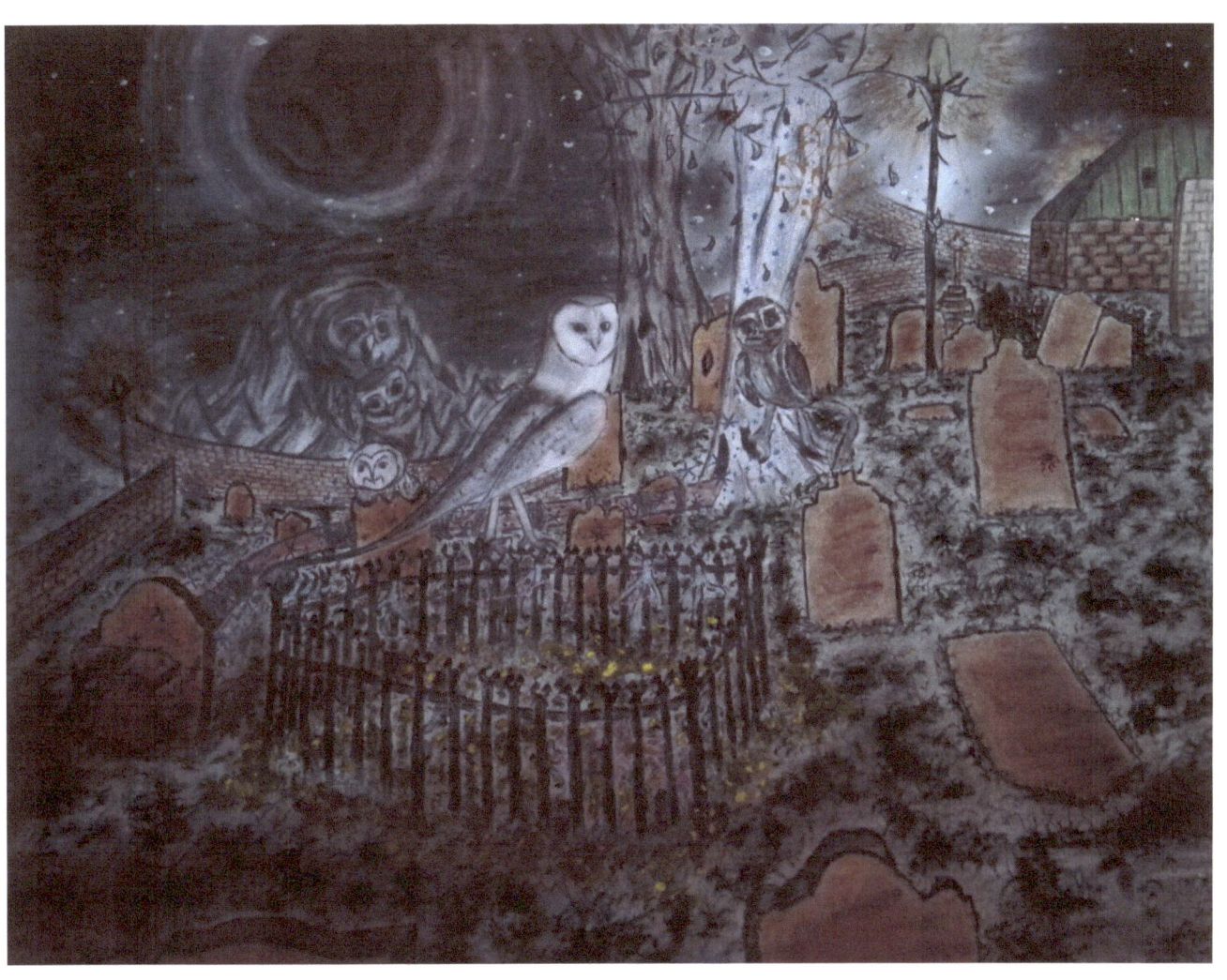

Pastel/Crayons bois-*Nuit ensorcelée* (Original)

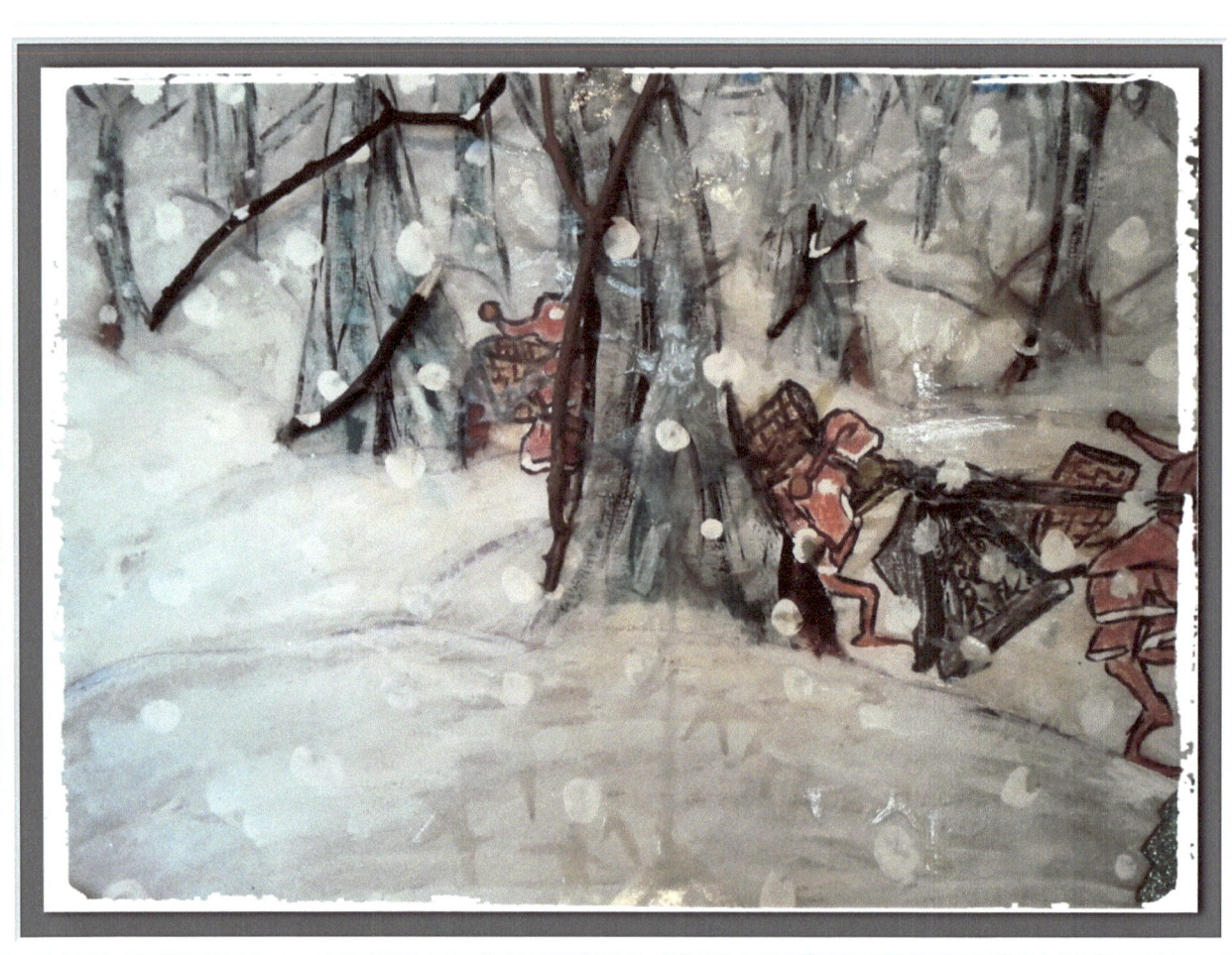

Öl/Pastel/Crayon/Acrylique-*Noël endiablé*

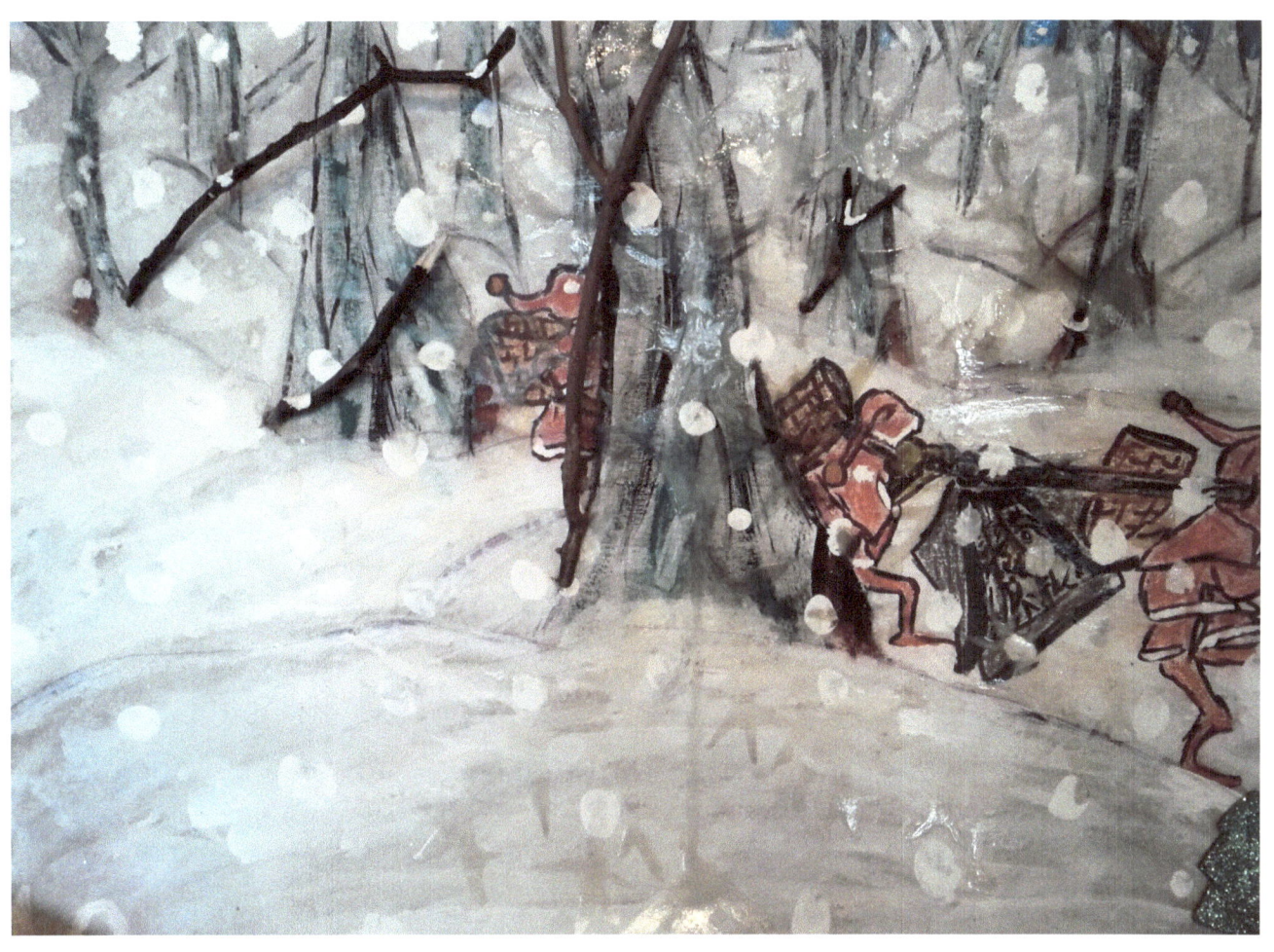

Öl/Pastel/Crayon/Acrylique-*Noël endiablé* (Original)

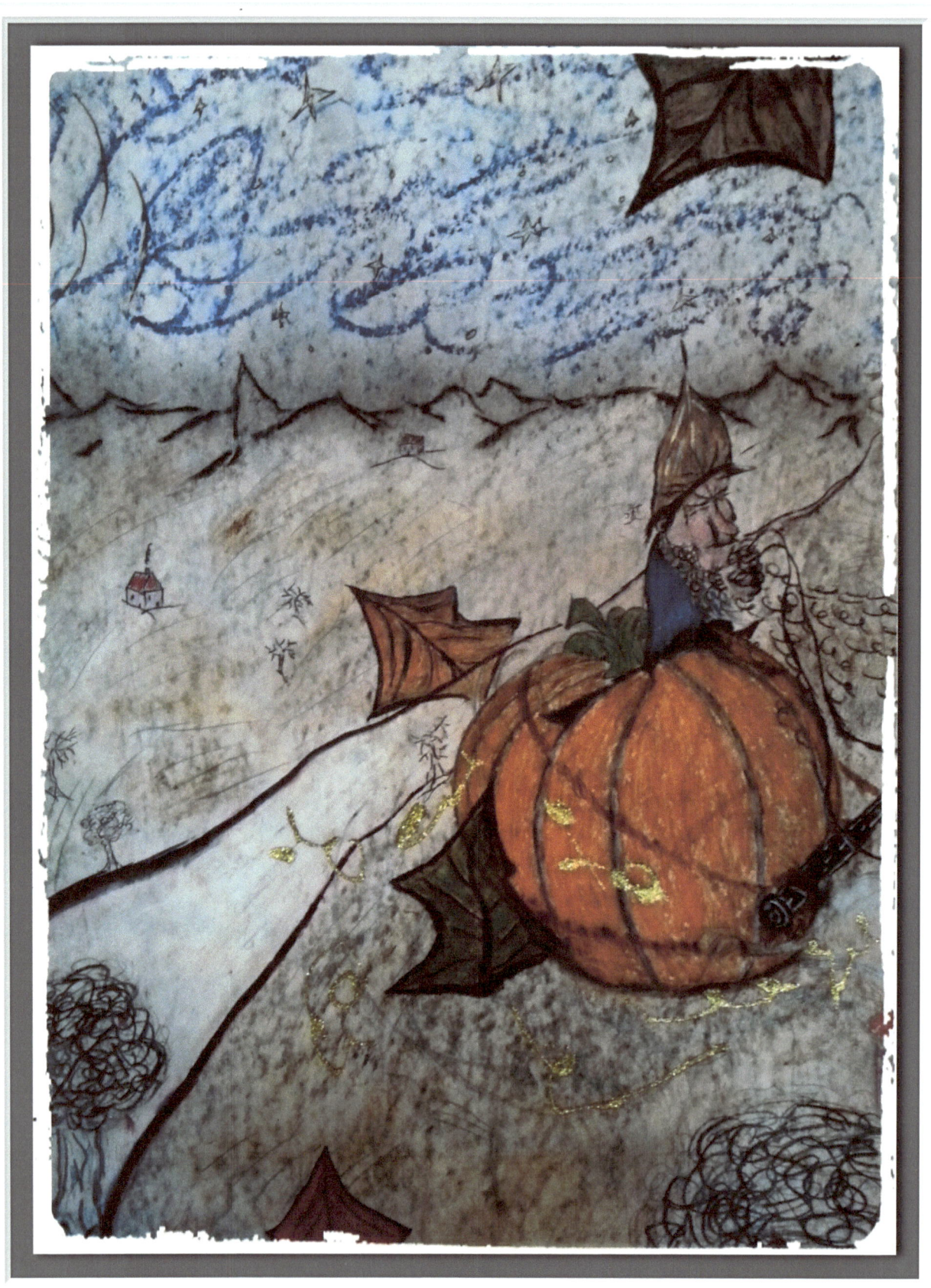

Crayons bois-*Halloween*

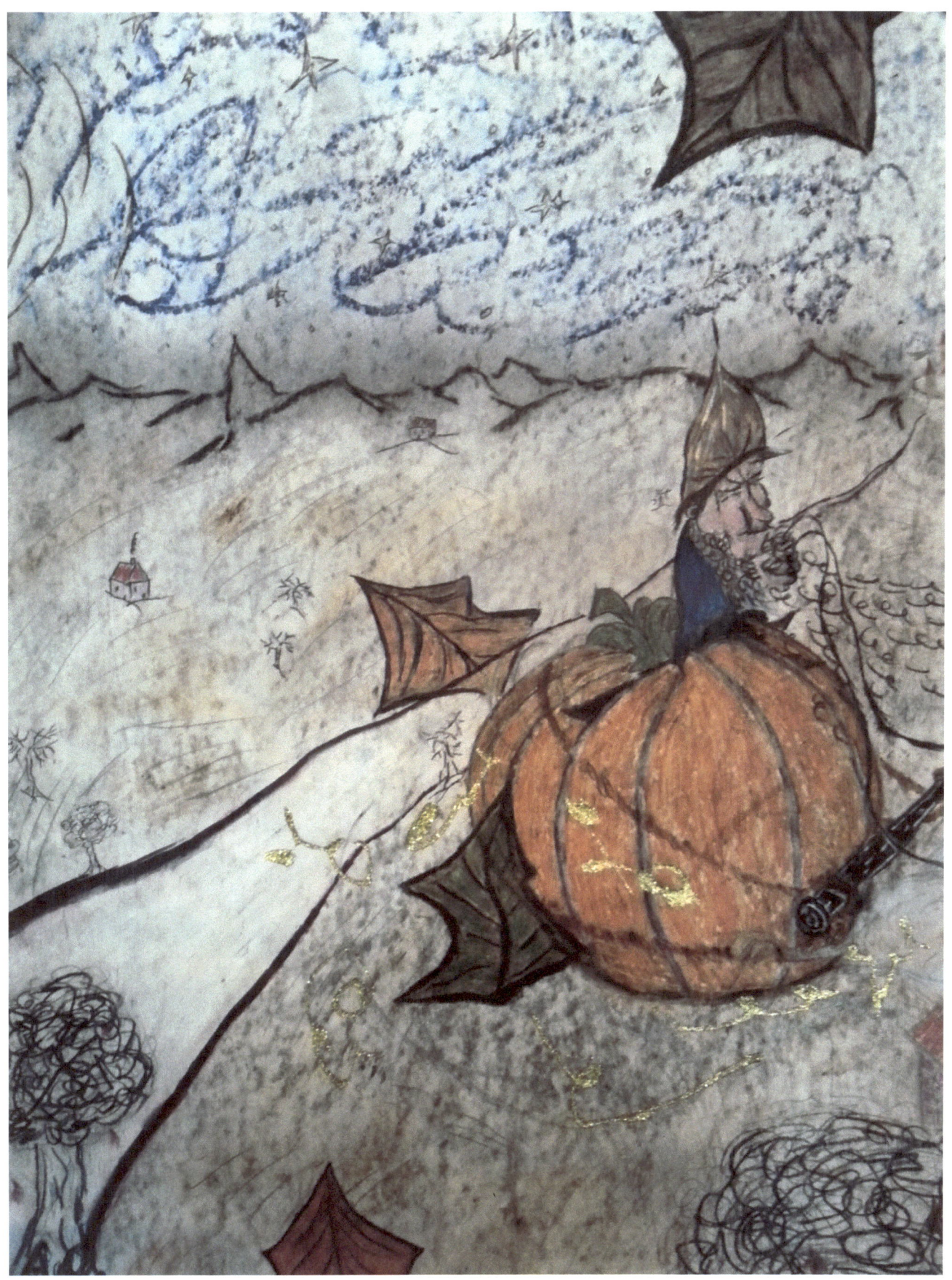

Crayons bois-*Halloween* (Original)

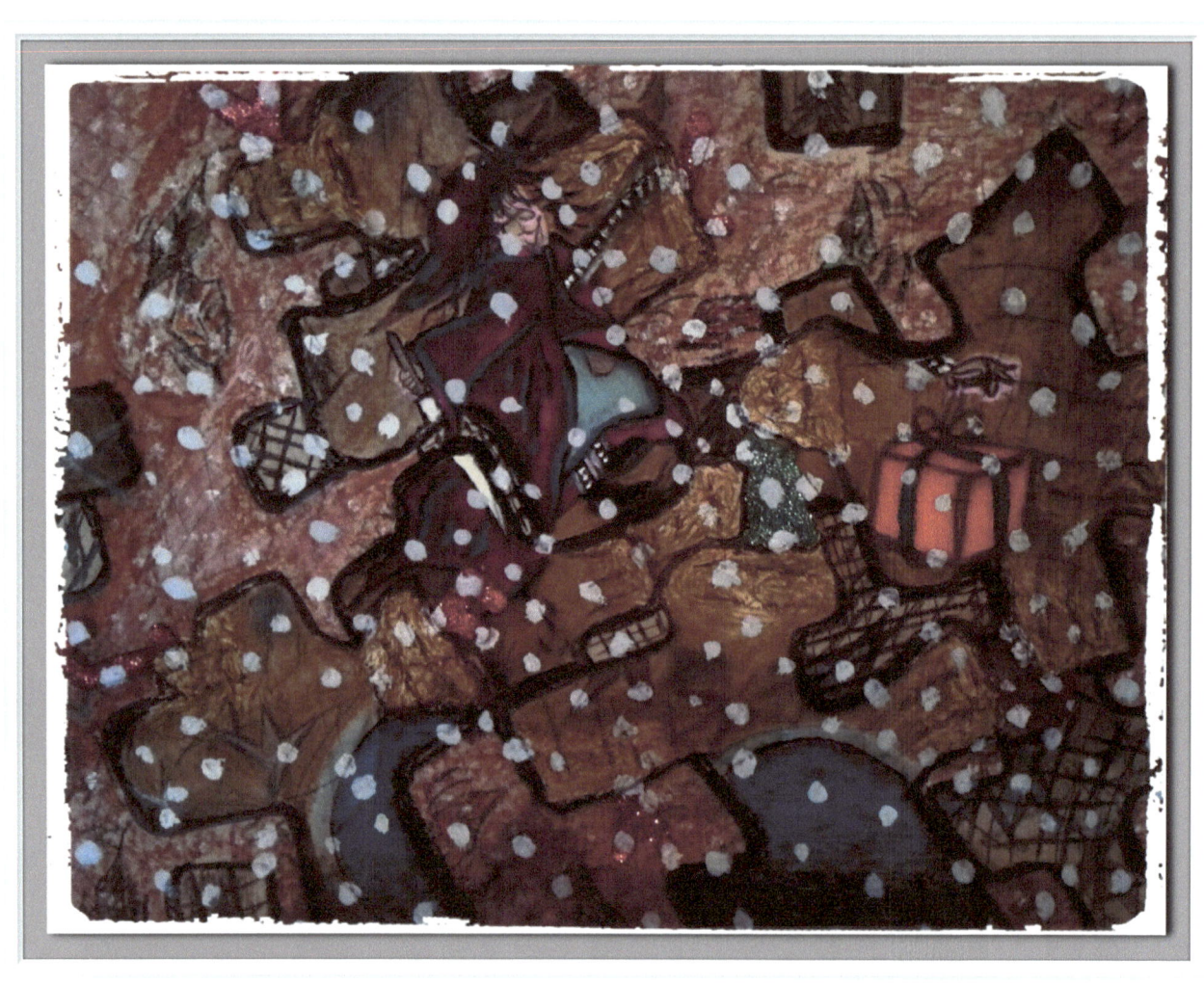

Öl/Pastel/Crayons bois- La *Sorcière de noël*

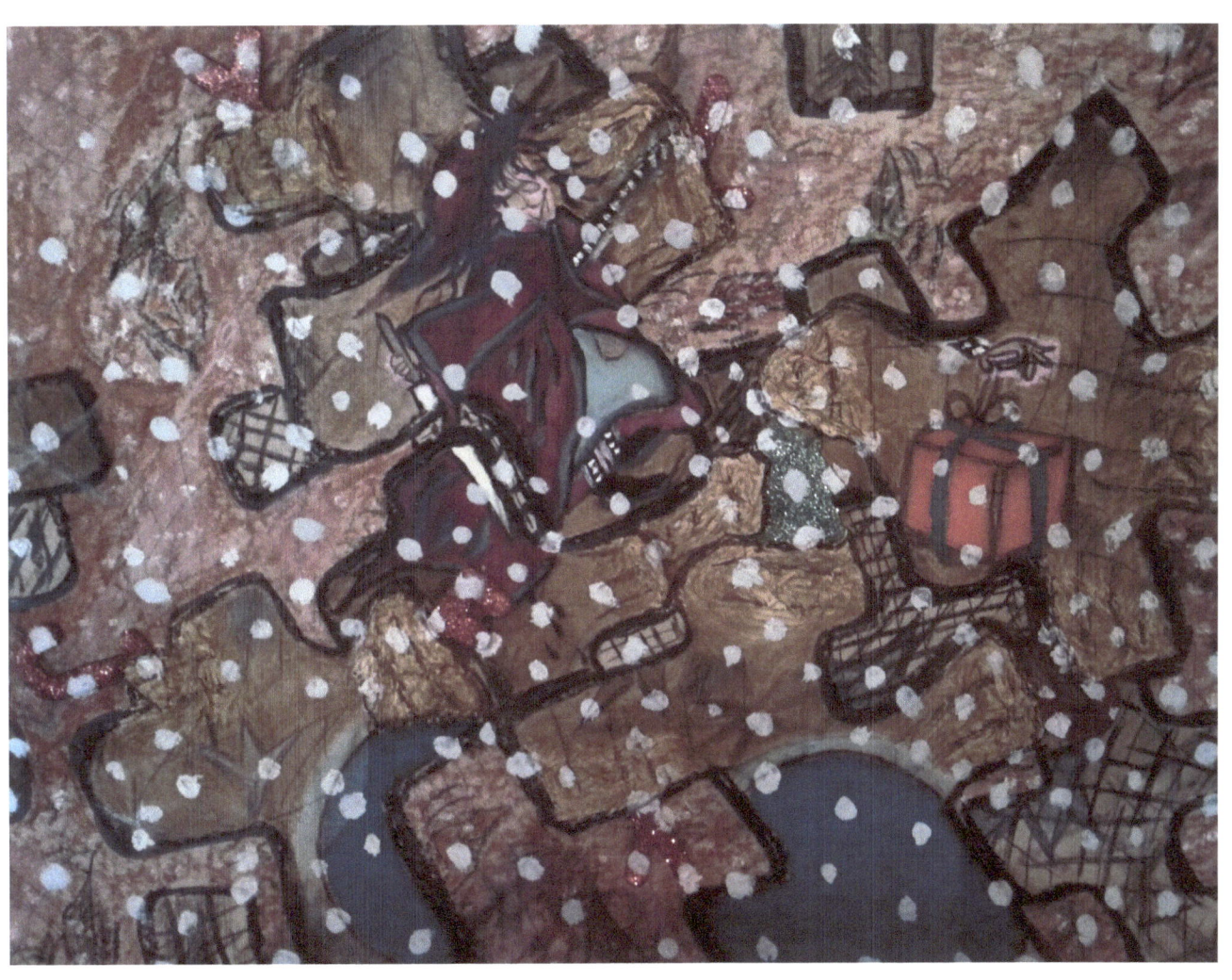

Öl/Pastel/Crayons bois- *La Sorcière de noël* (Original)

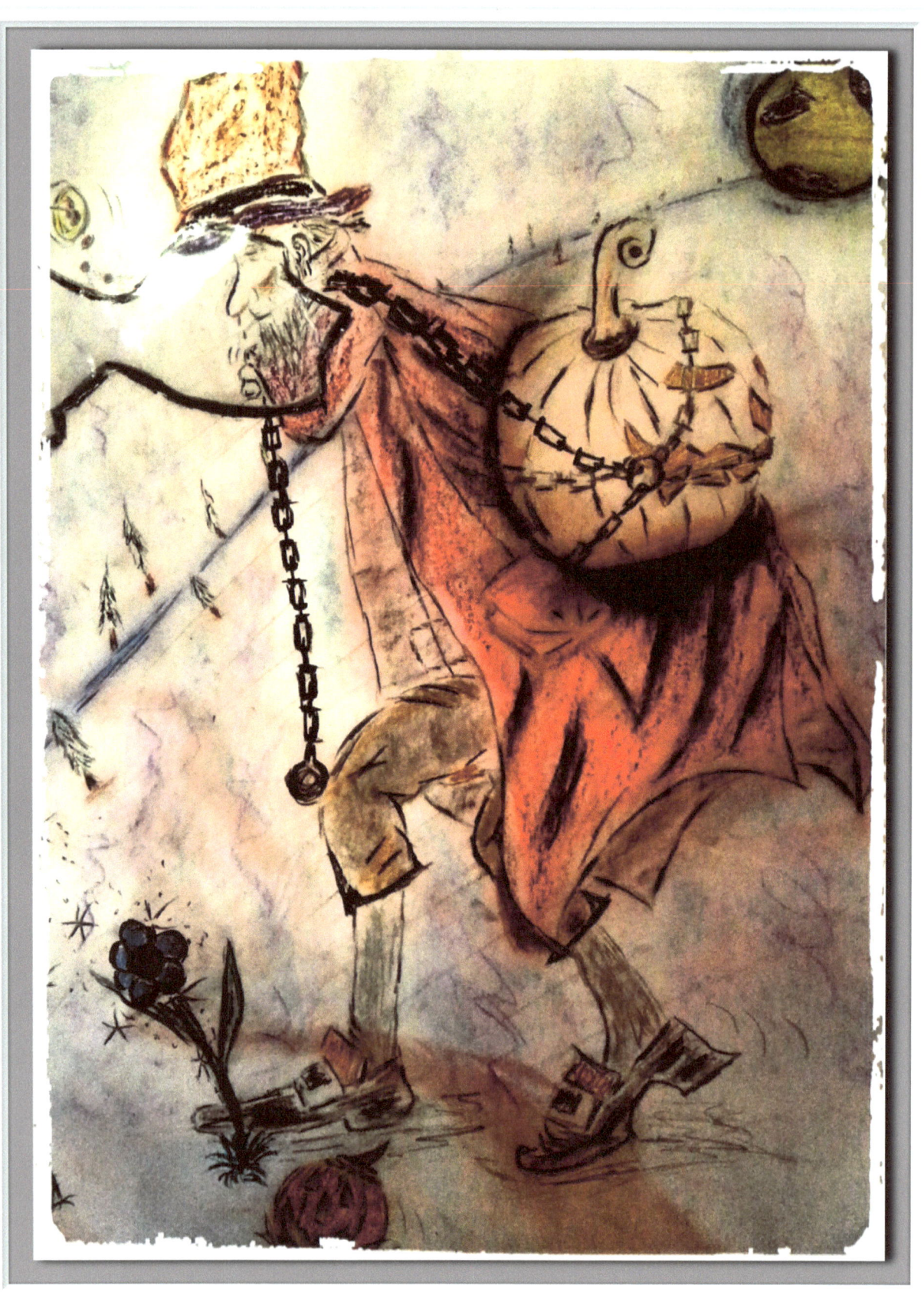

Crayons bois- *Le Clochard de noël*

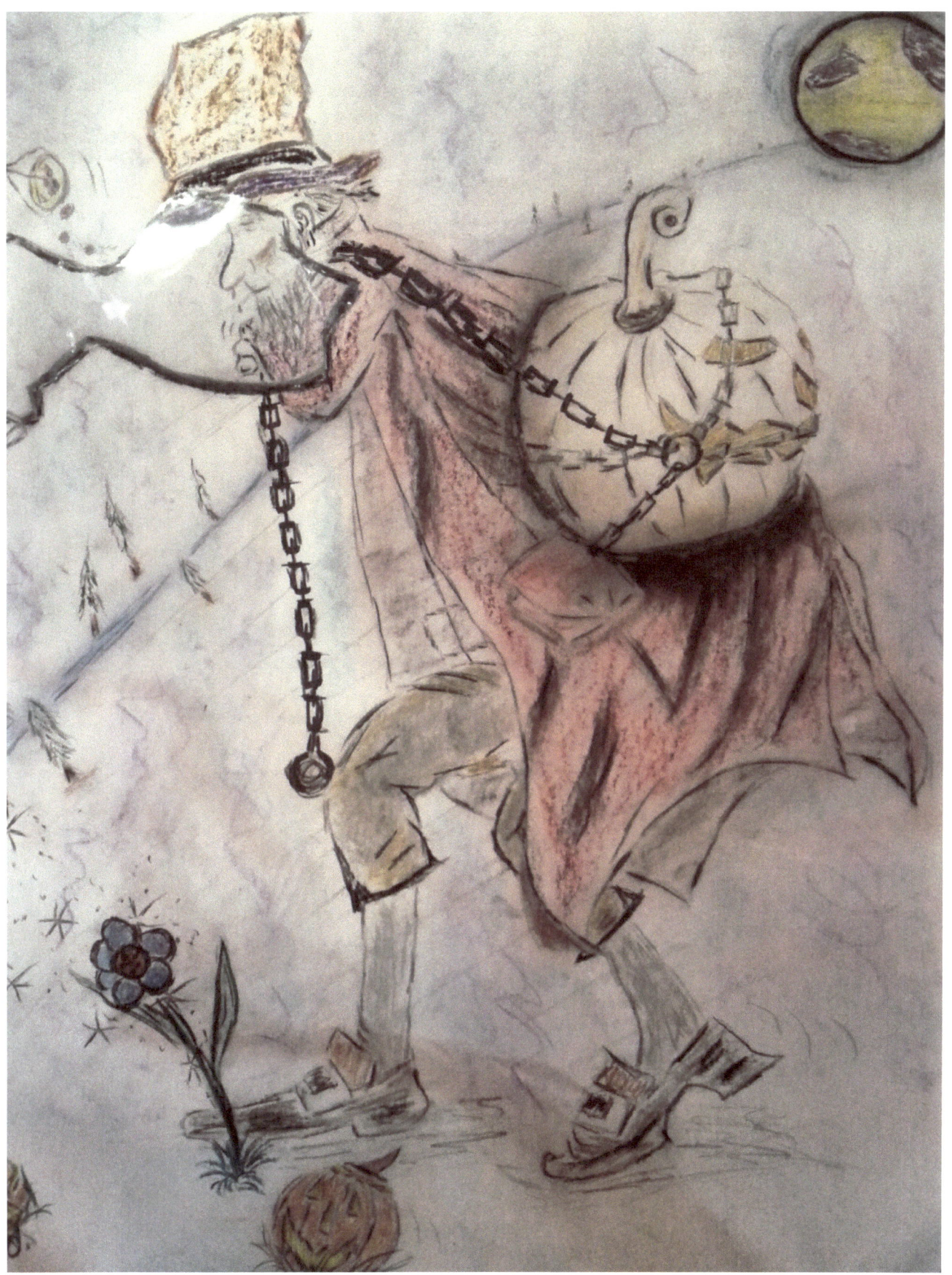

Crayons bois- *Le Clochard de noël* (Original)

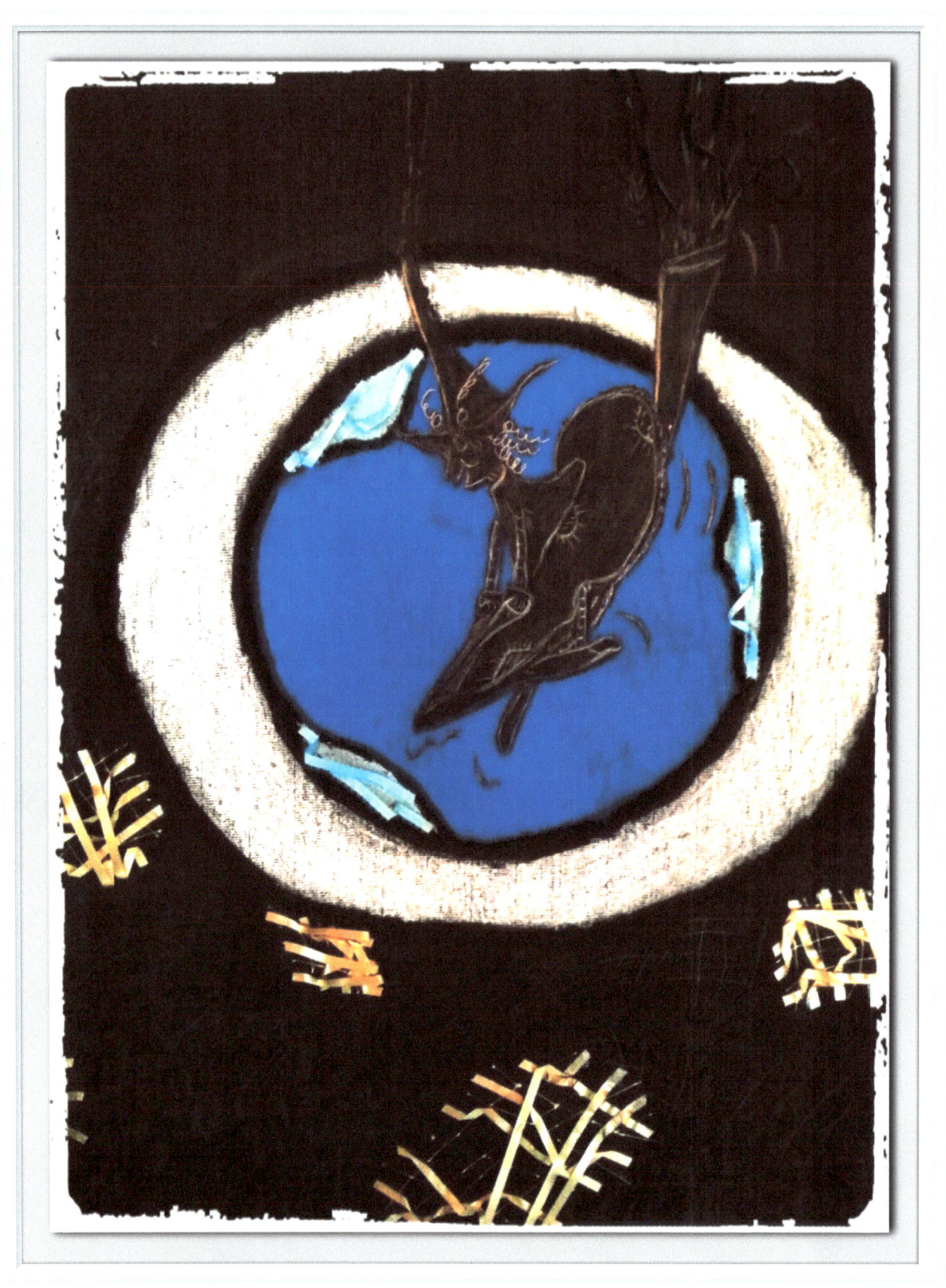

Pastel-*La sorcière de la nuit*

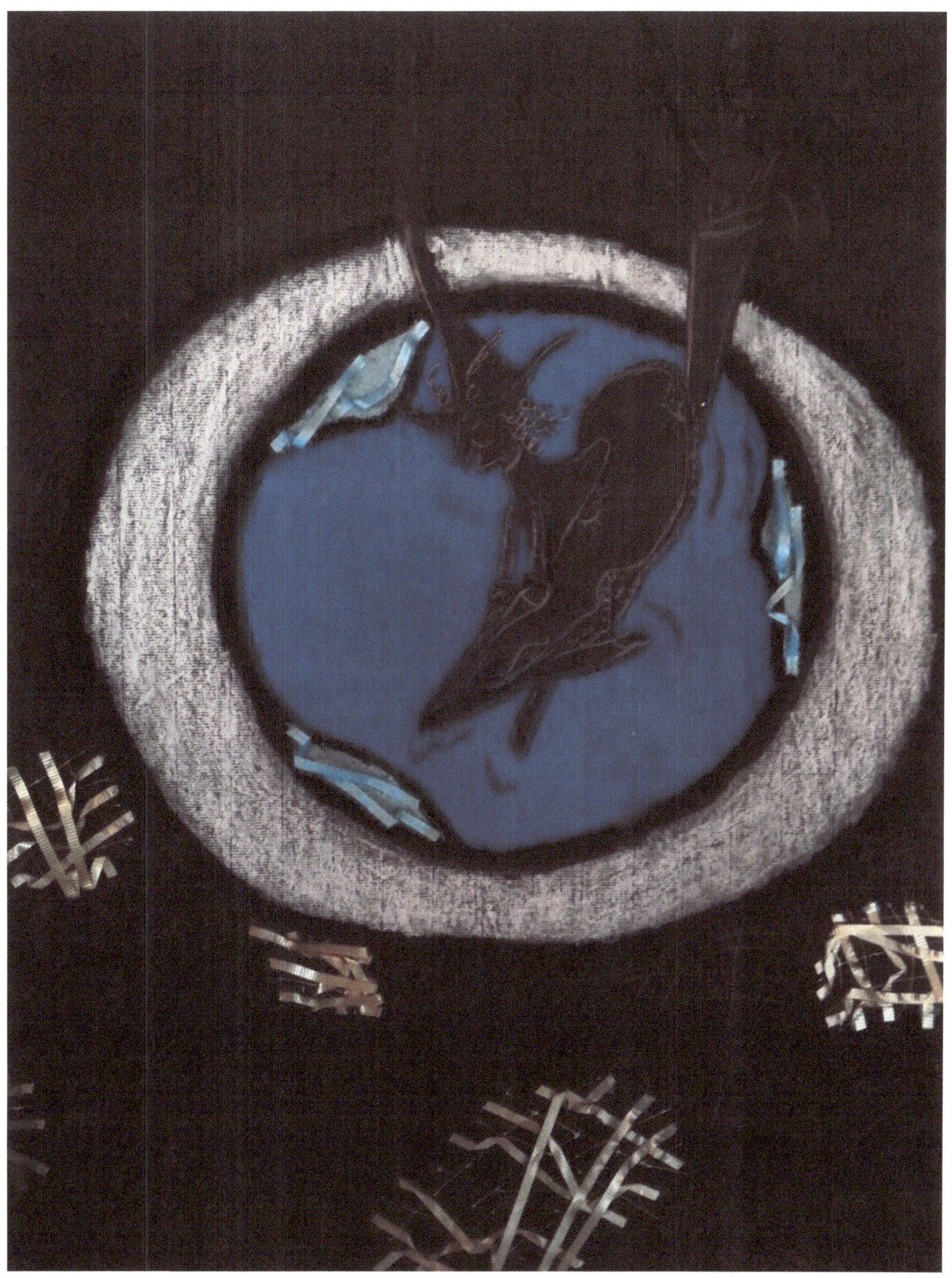

Pastel-*La sorcière de la nuit* (Original)

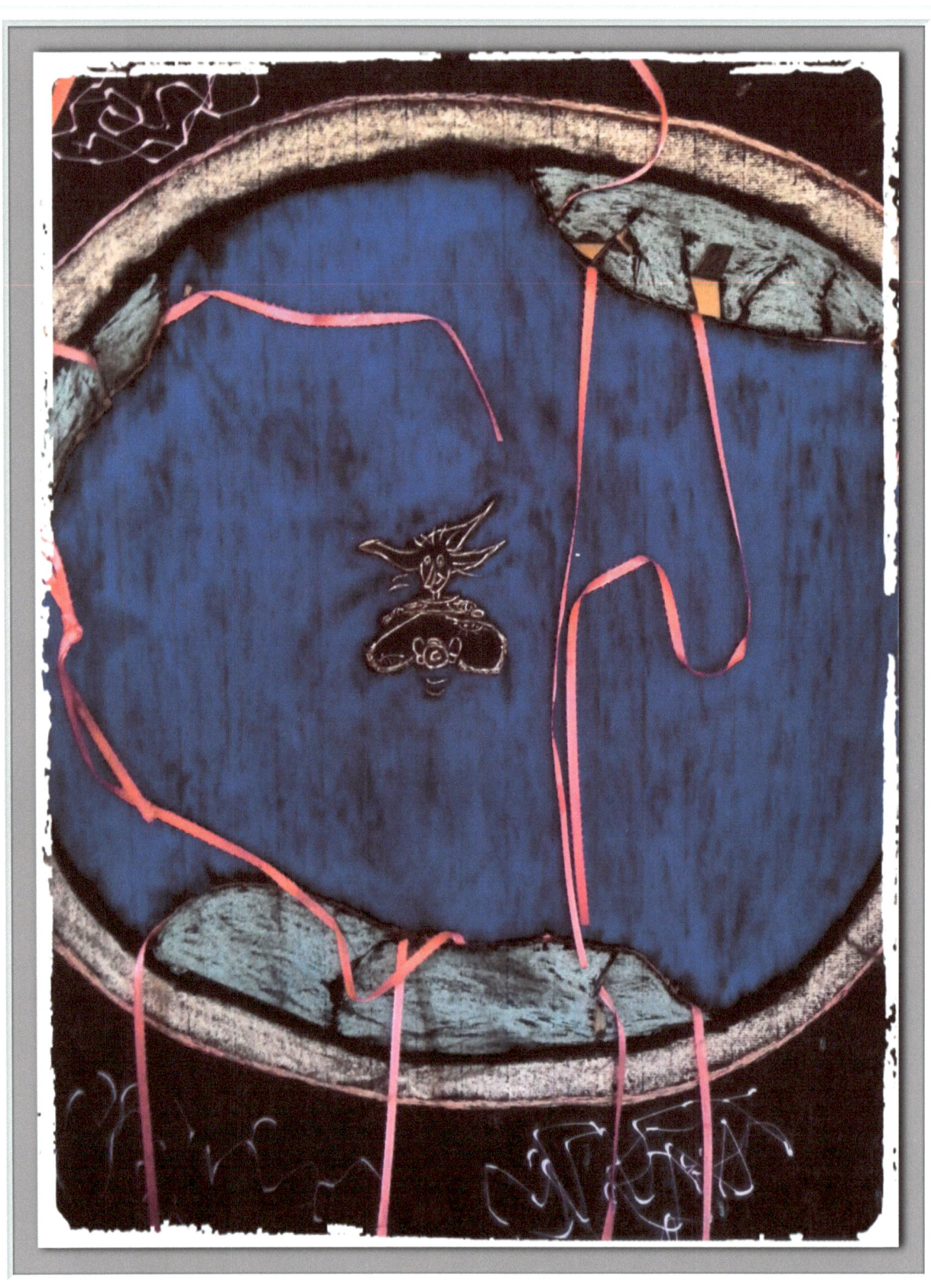

Pastel-*La sorcière de la nuit*

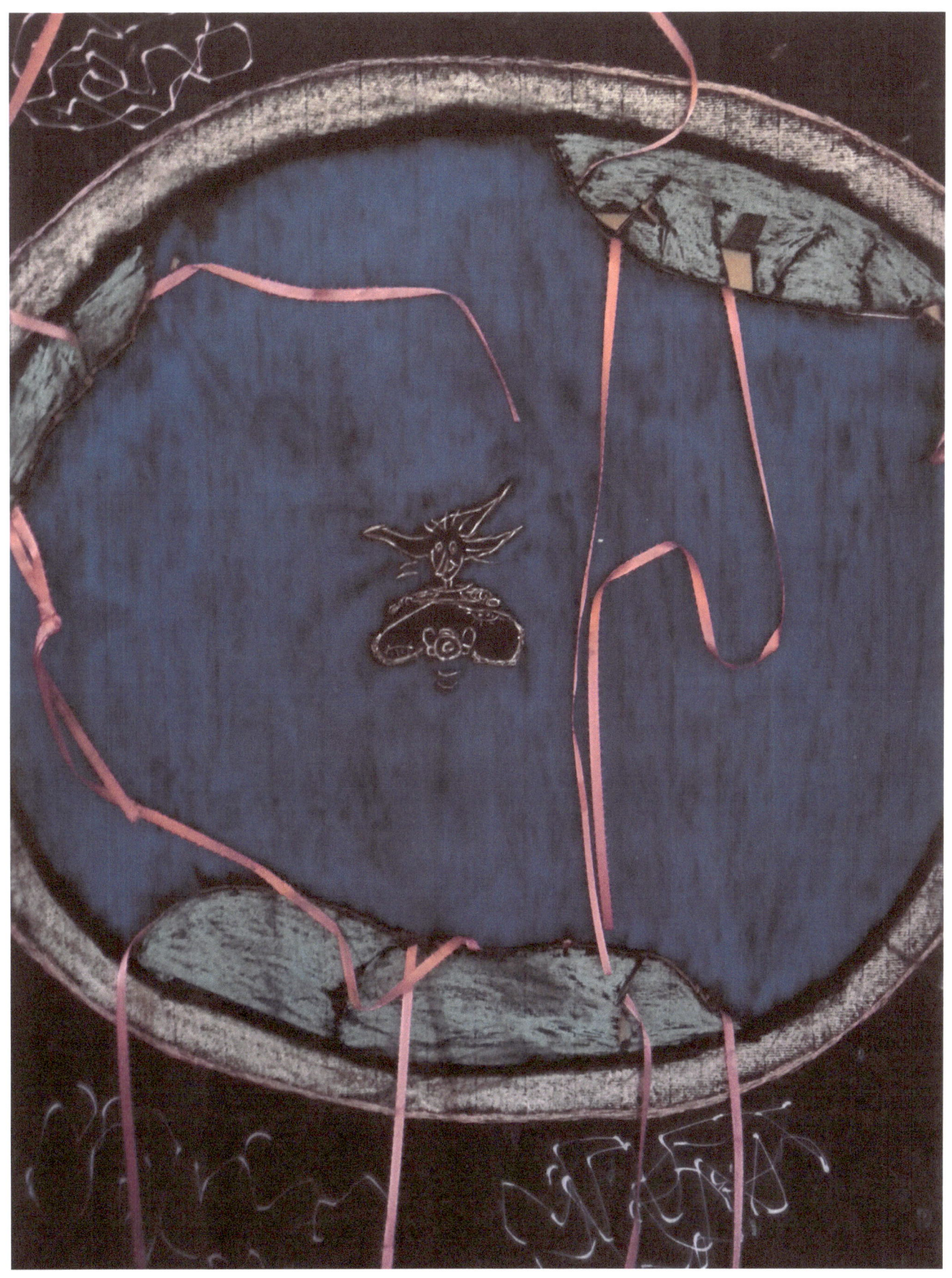

Pastel- *La sorcière de la nuit* (Original)

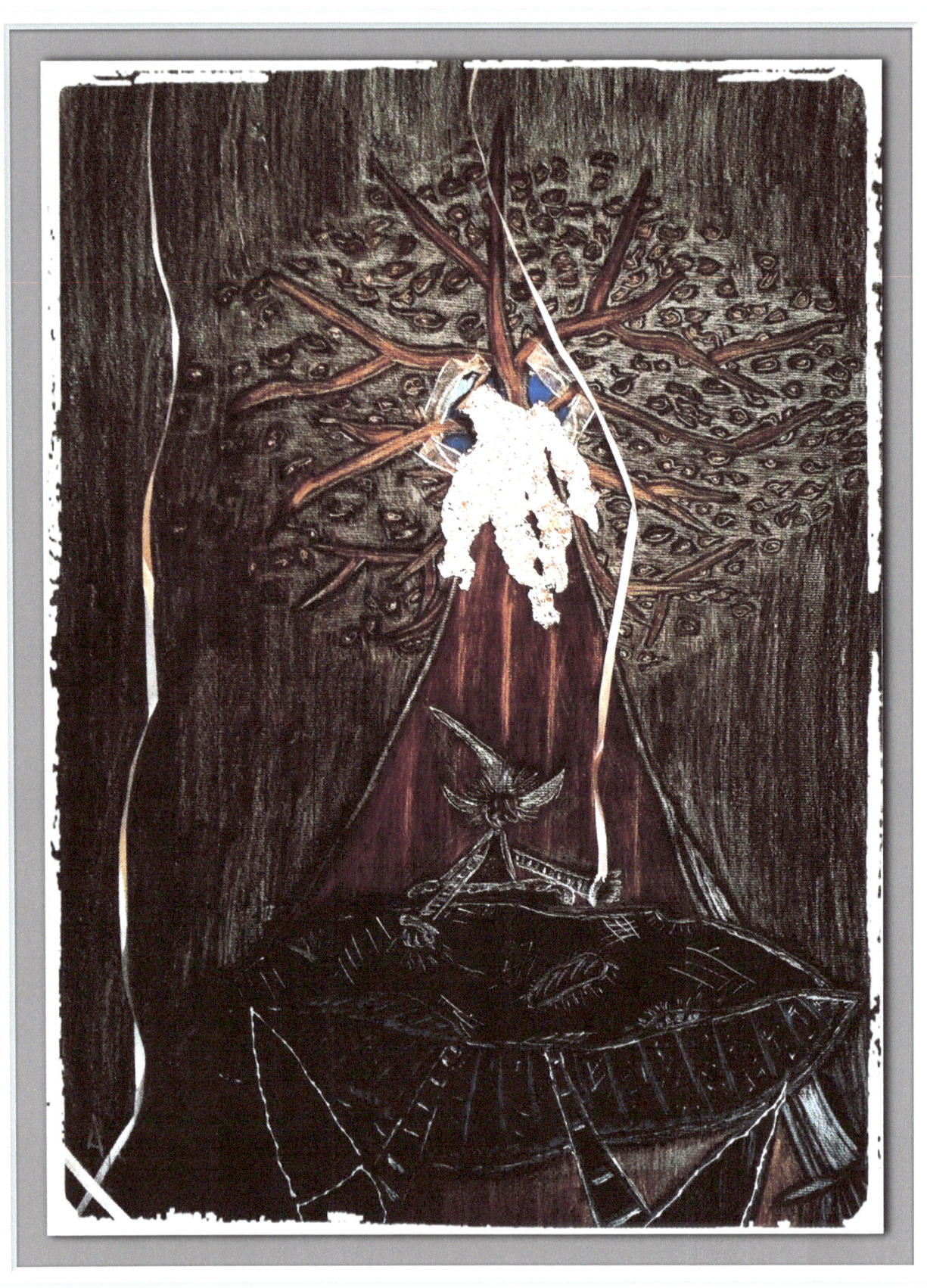

Pastel/Crayons bois-*La sorcière de la nuit*

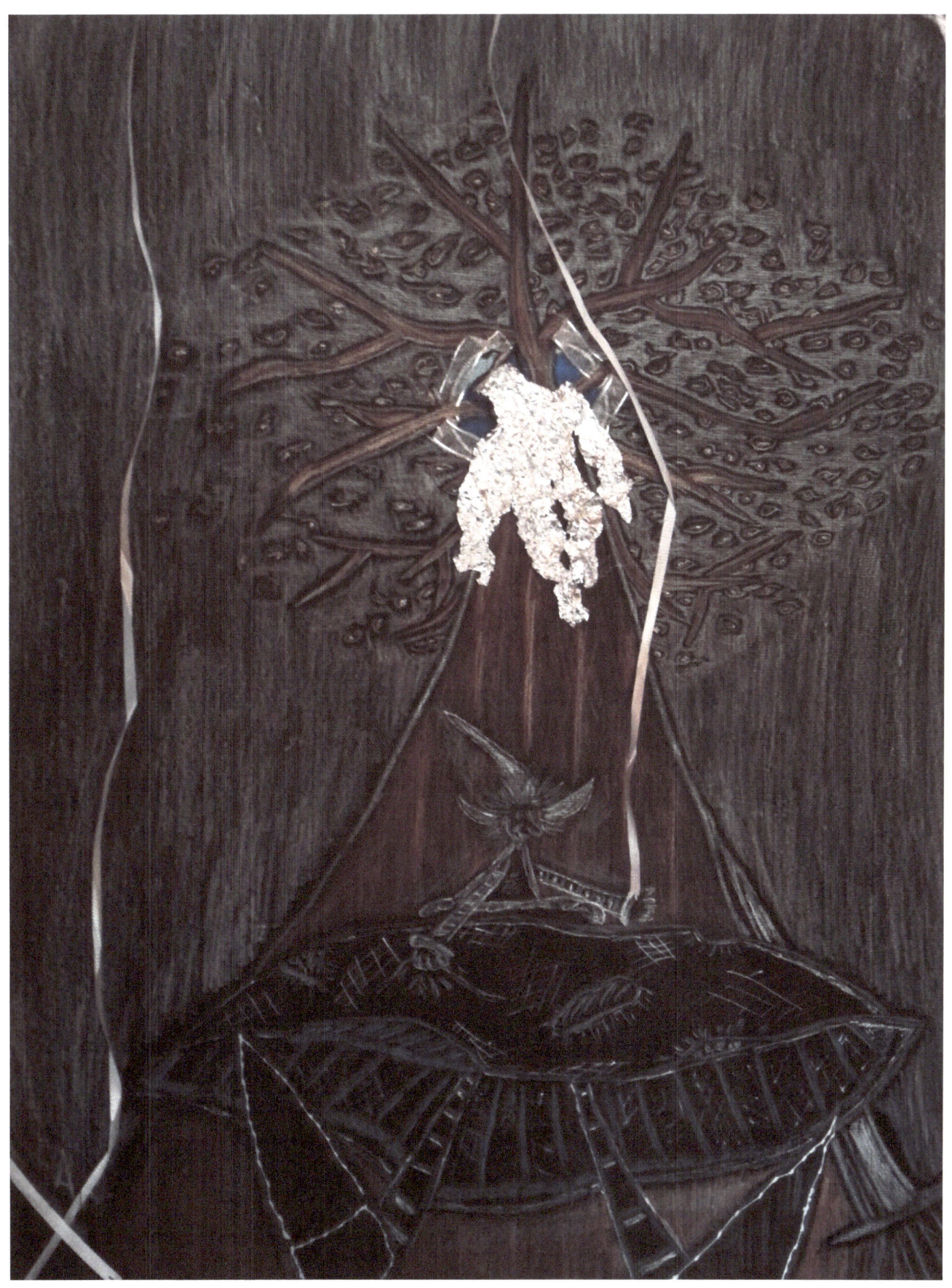

Pastel/Crayons bois-*La sorcière de la nuit* (Original)

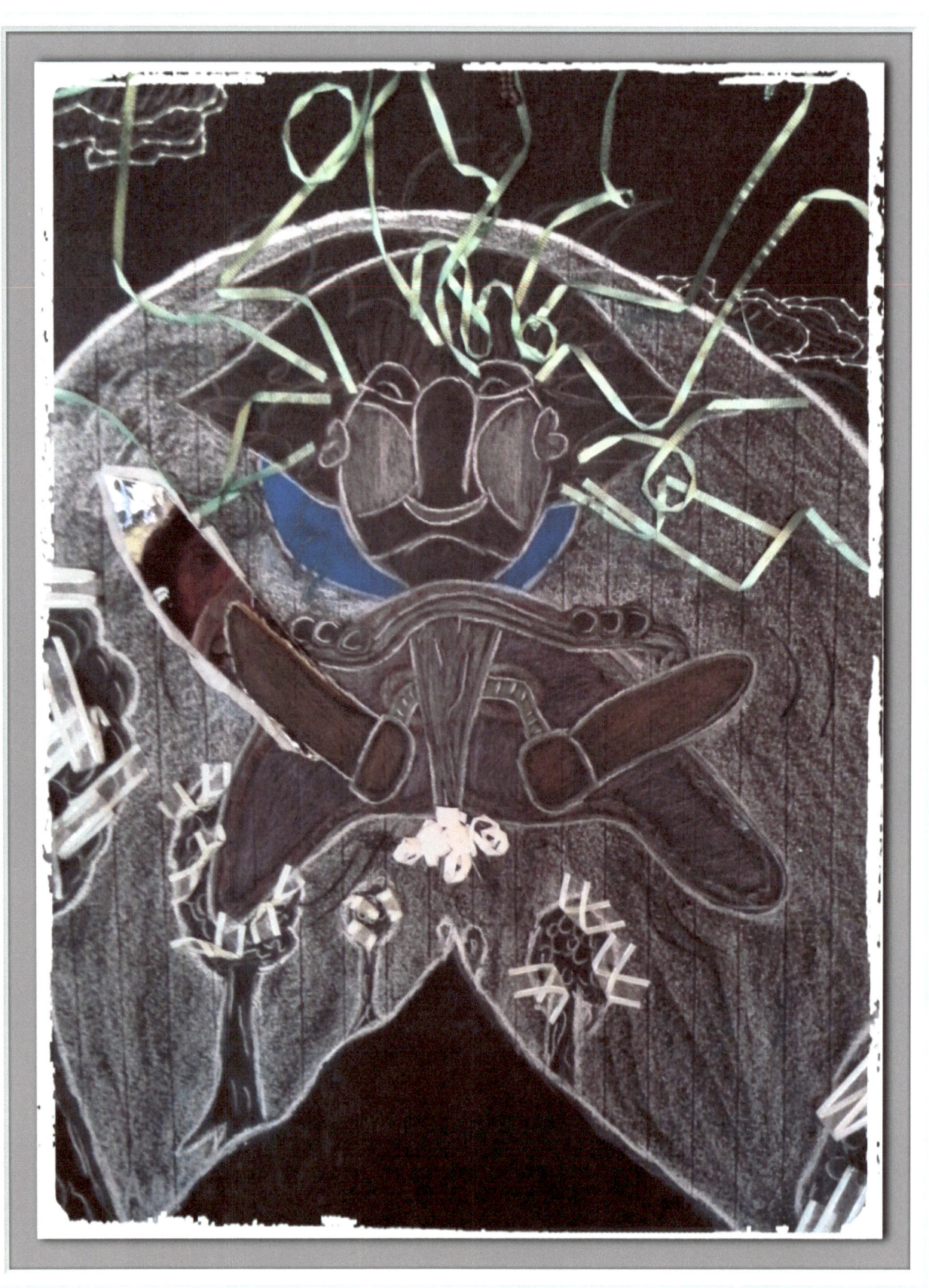

Pastel/Crayons bois-La sorcière de la nuit

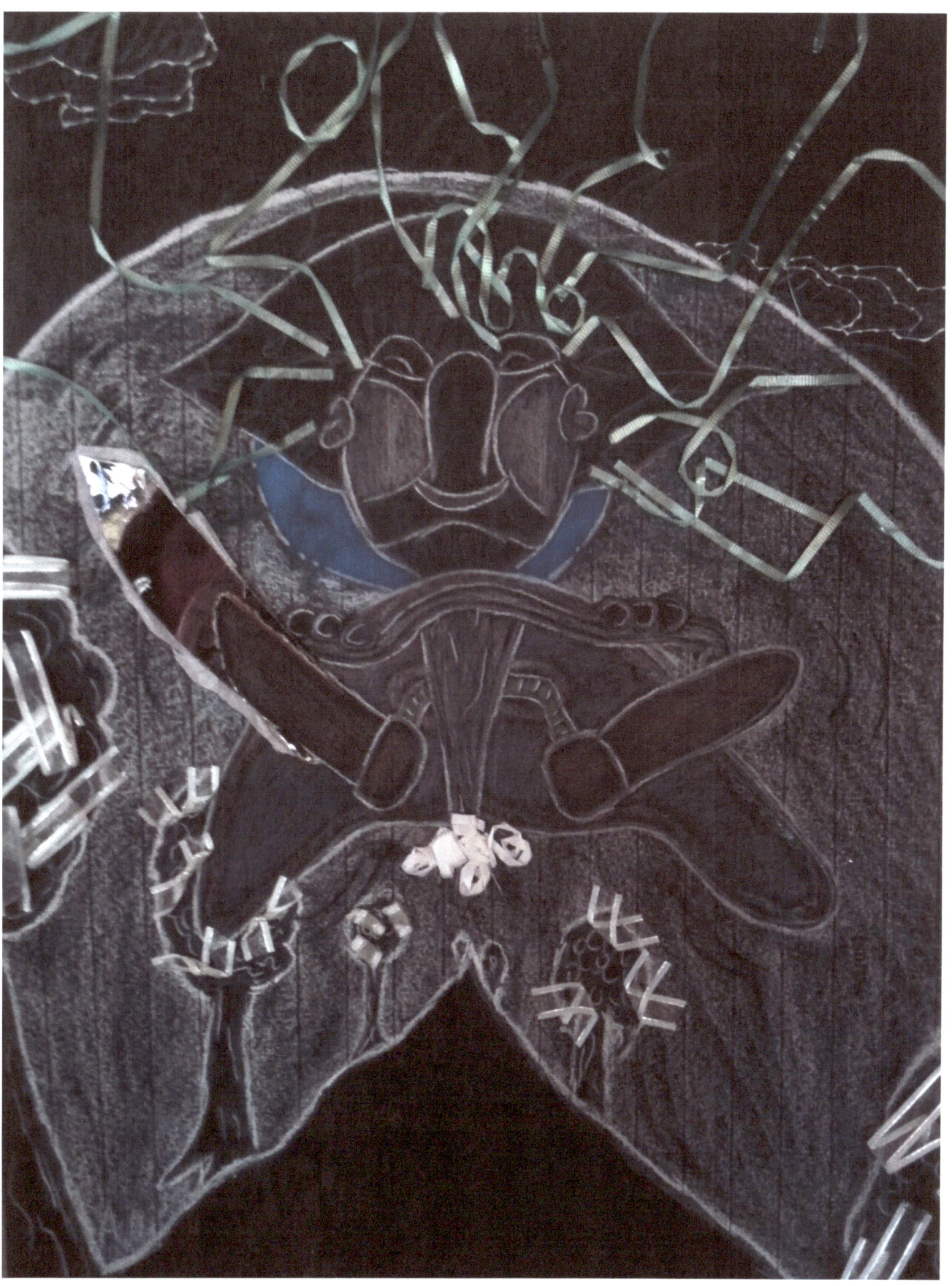

Pastel/Crayons bois-*La sorcière de la nuit* (Original)

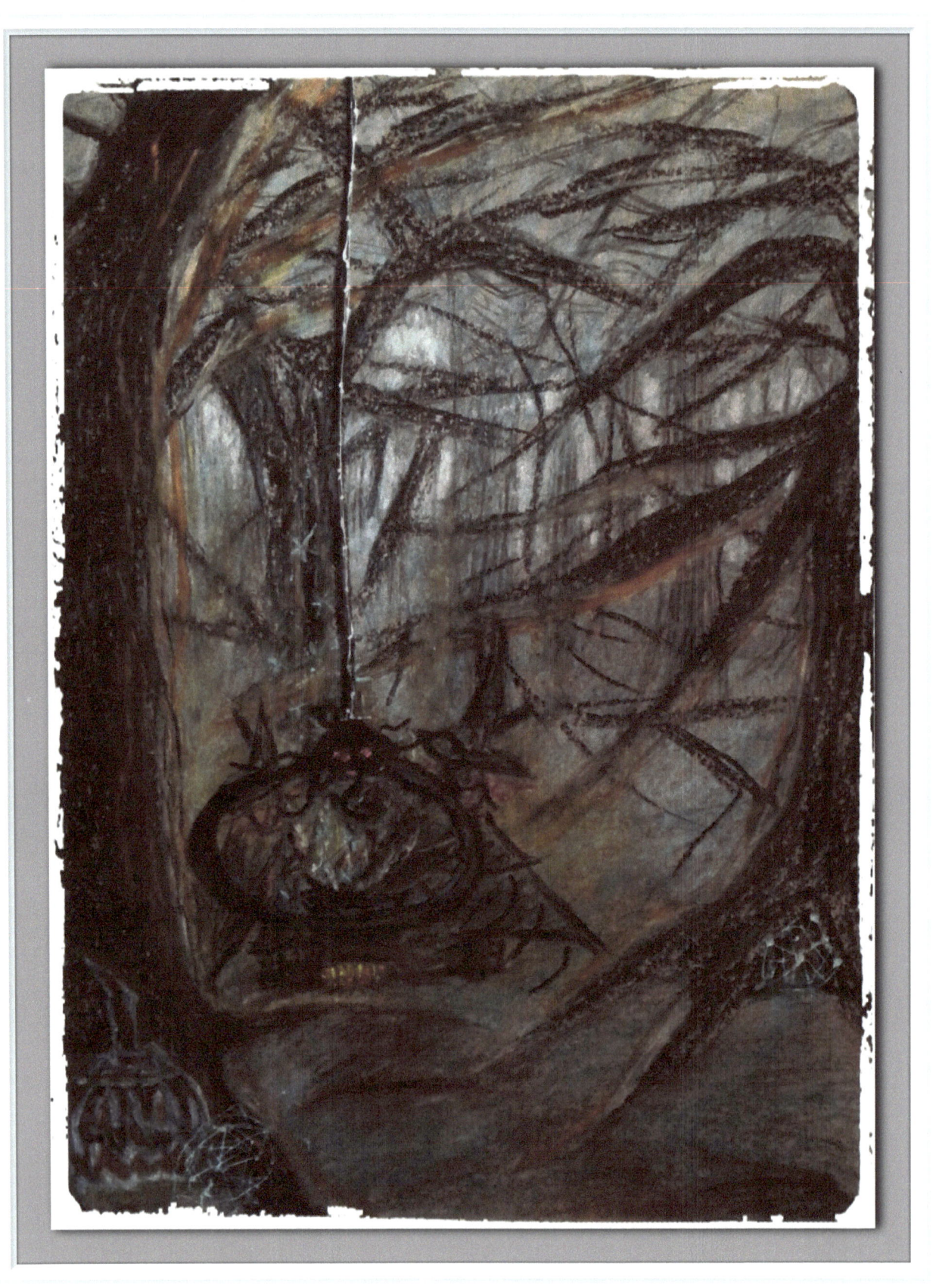

Pastel/Crayons bois-*La sorcière de la nuit*

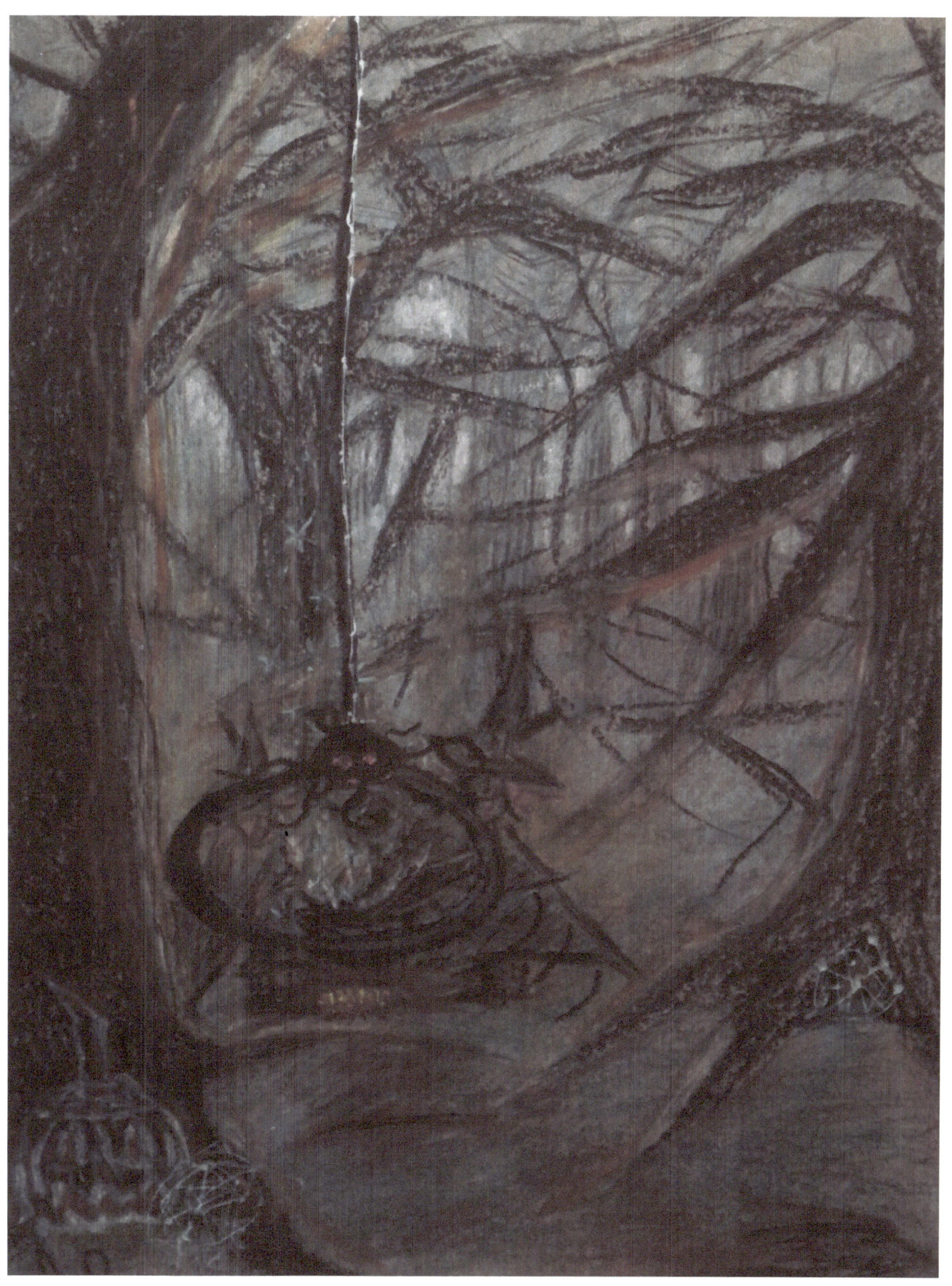

Pastel/Crayons bois-*La sorcière de la nuit* (Original)

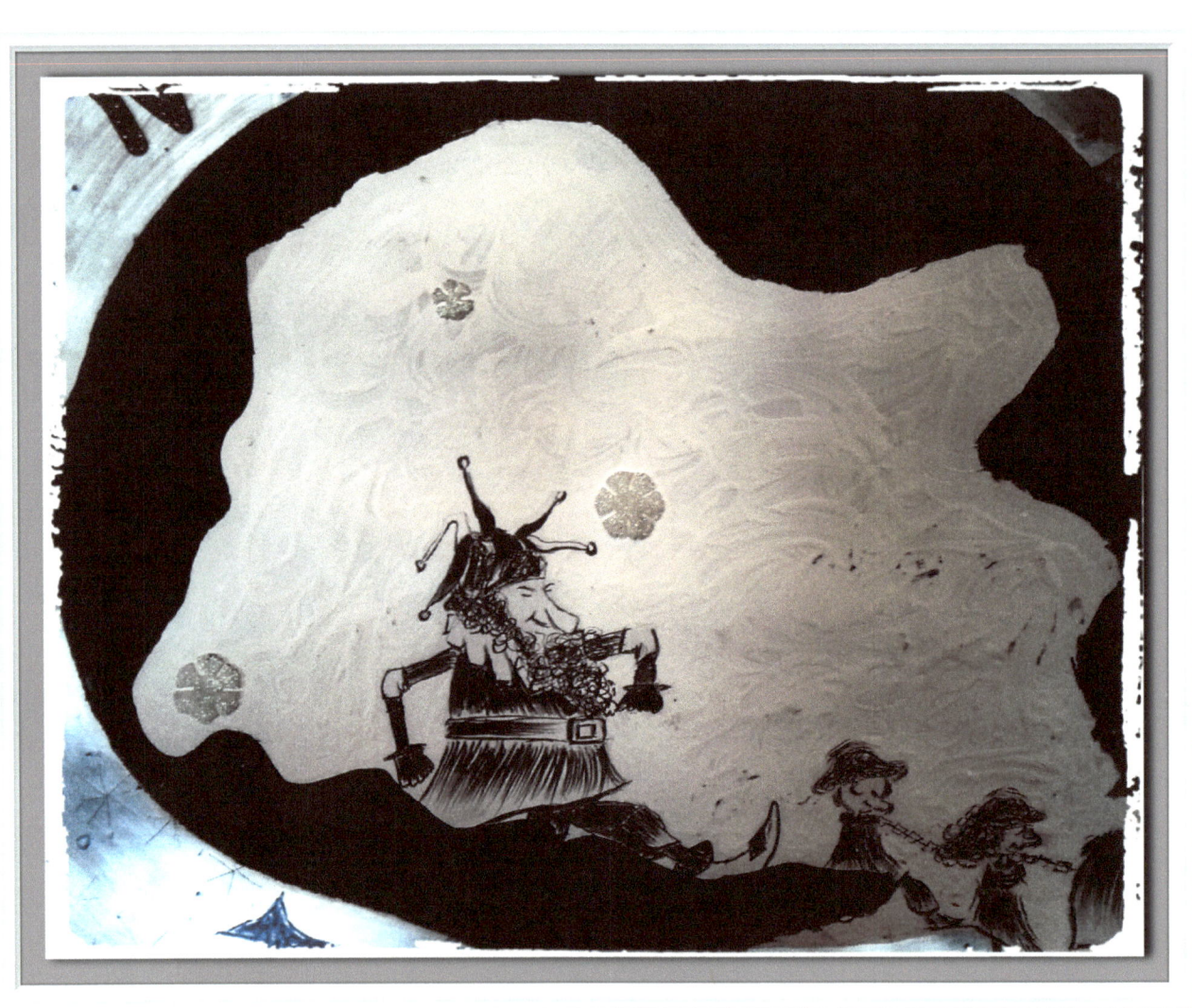

Crayons bois- *Le Lutin des fêtes*

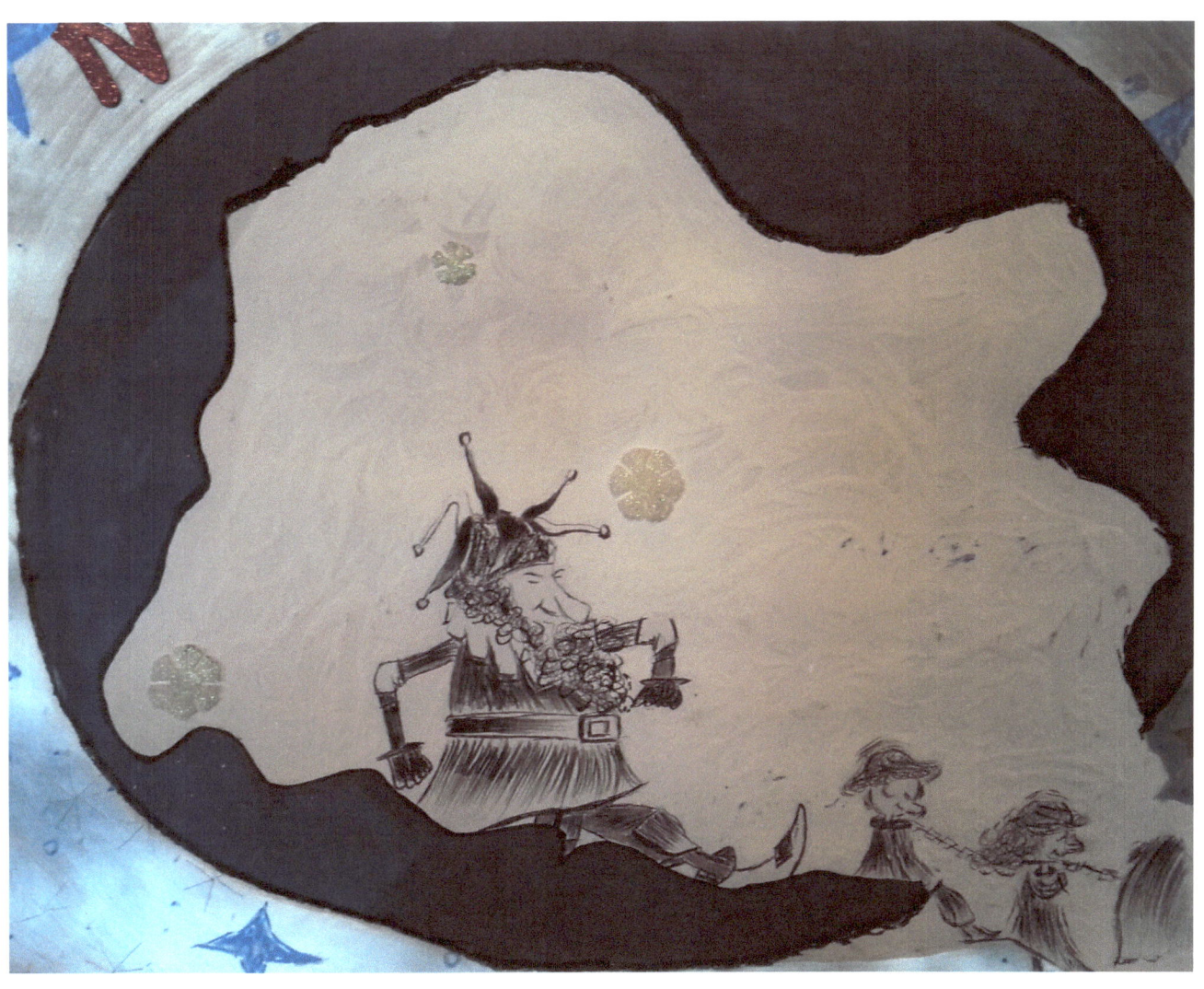

Crayons bois- *Le Lutin des fêtes* (Original)

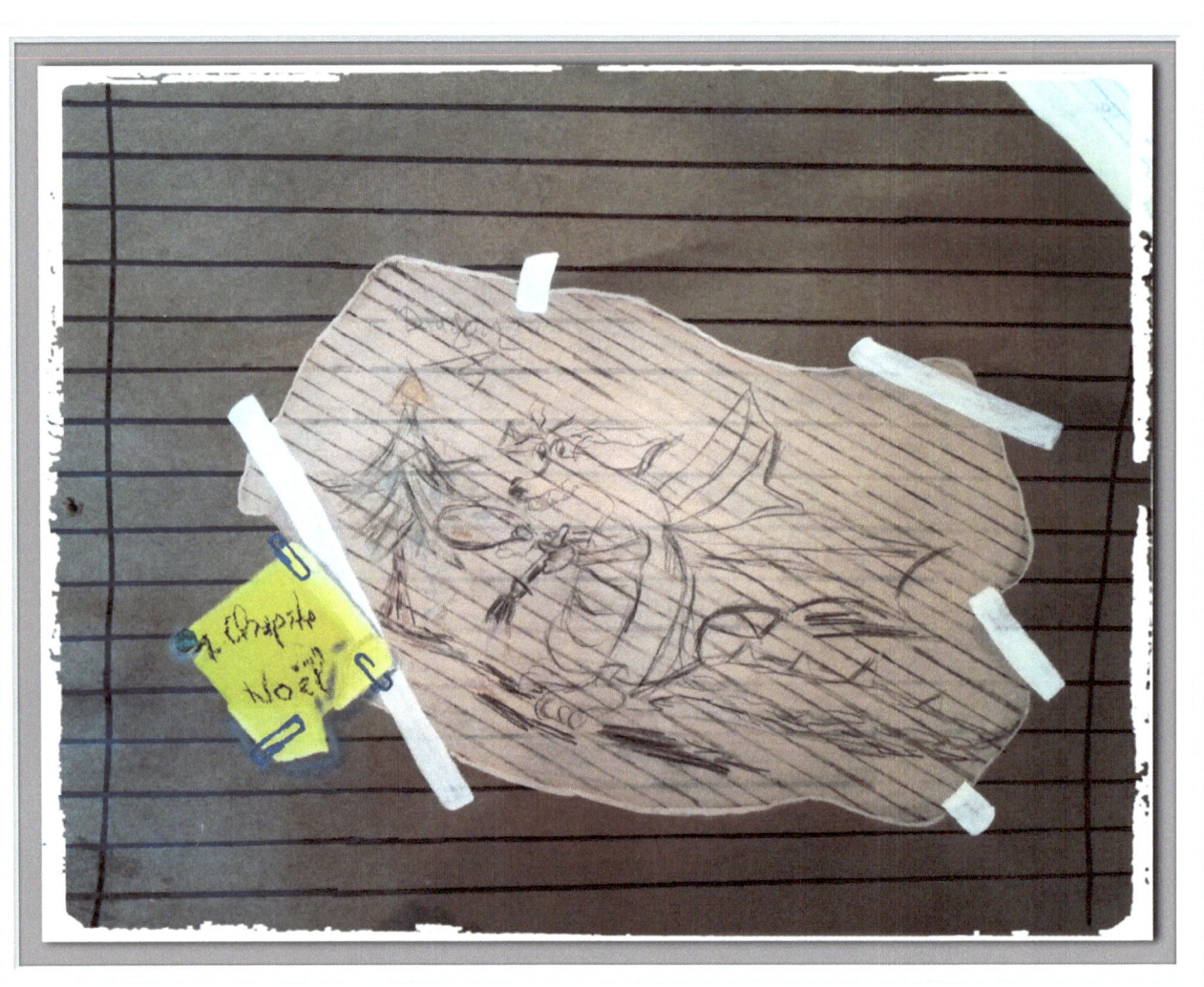

Crayons/Gouache-*Le petit dragon*

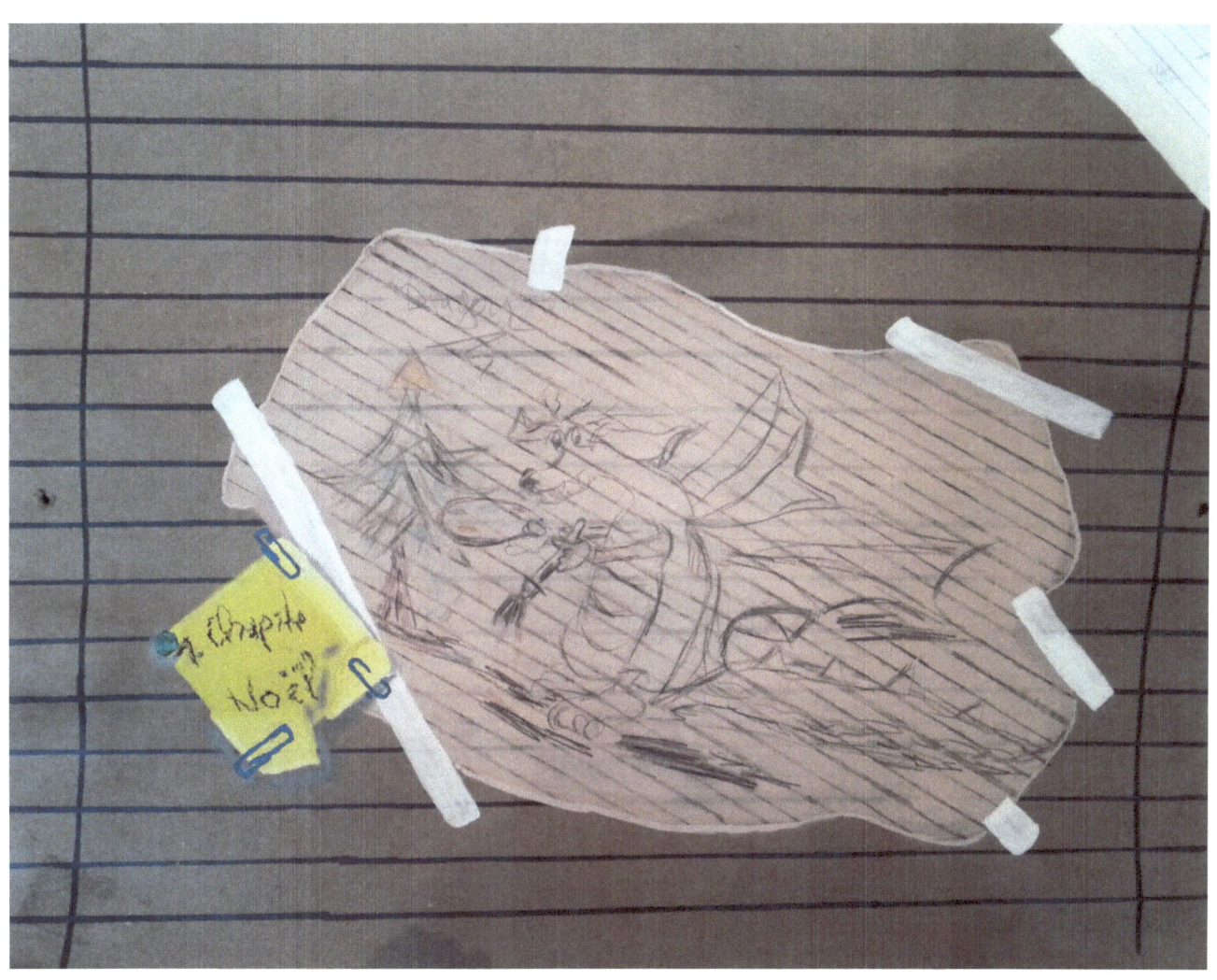

Crayons/Gouache-*Le petit dragon* (Original)

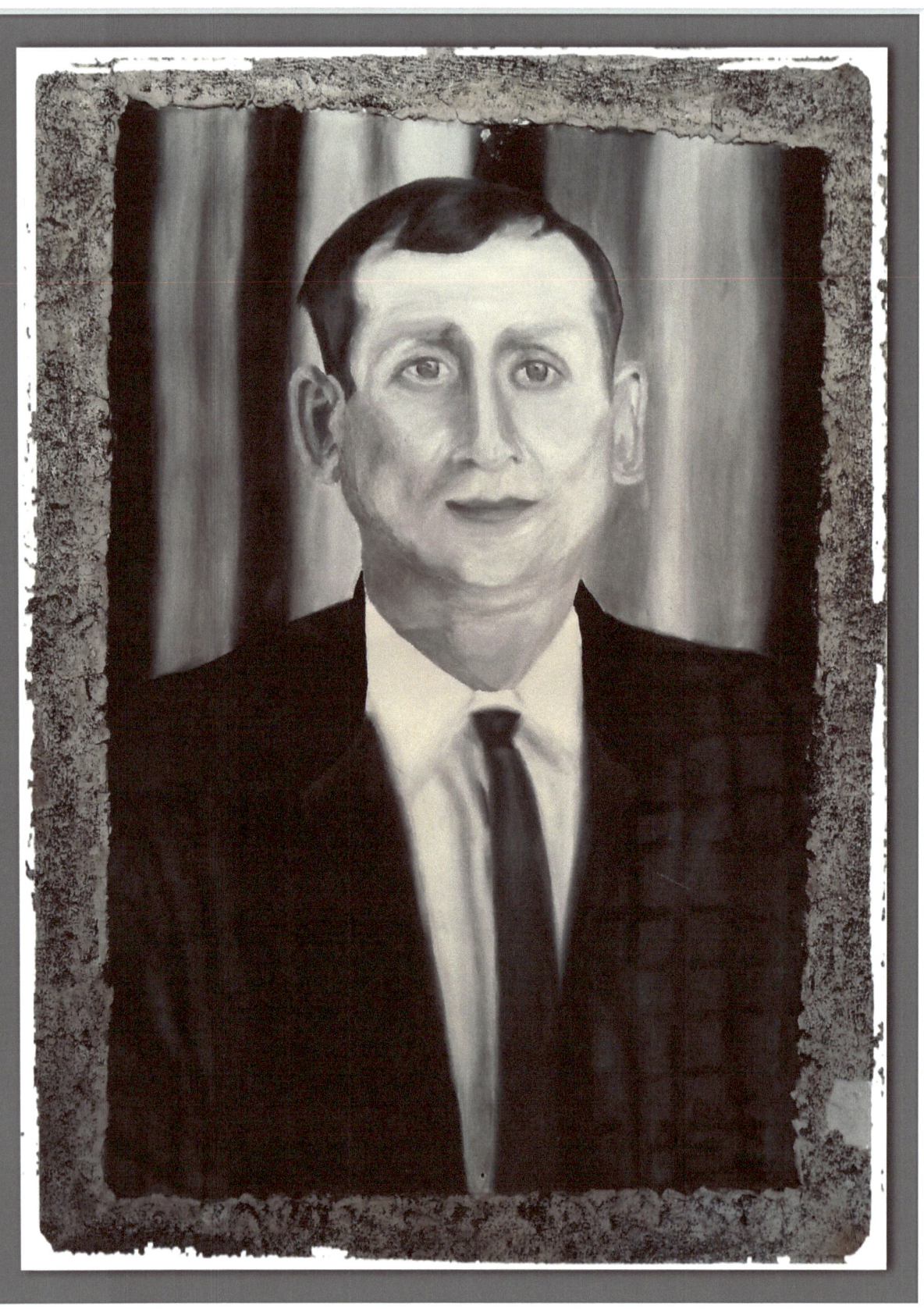

Öl-*mon père*

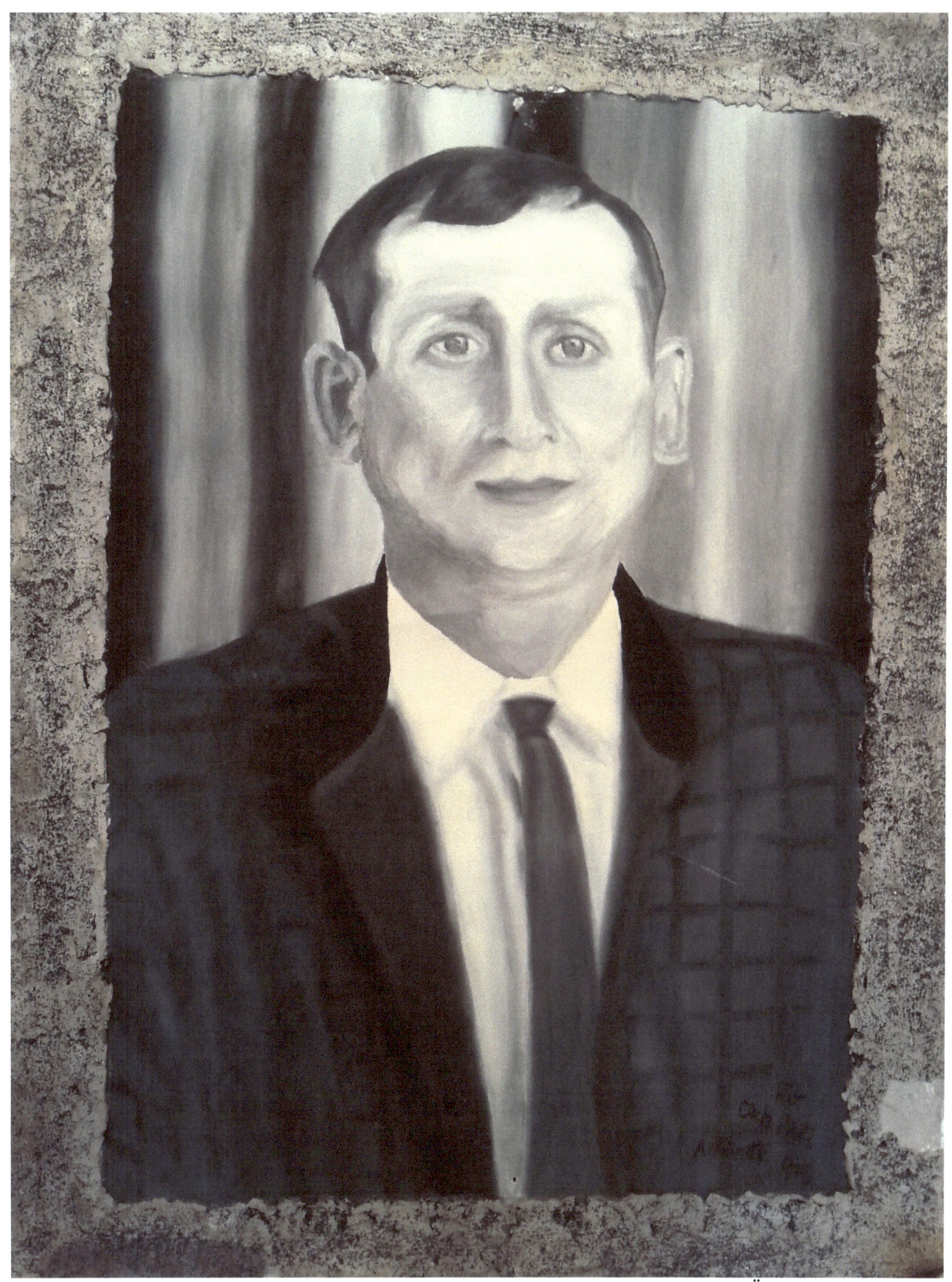

Öl-*mon père* (Original)

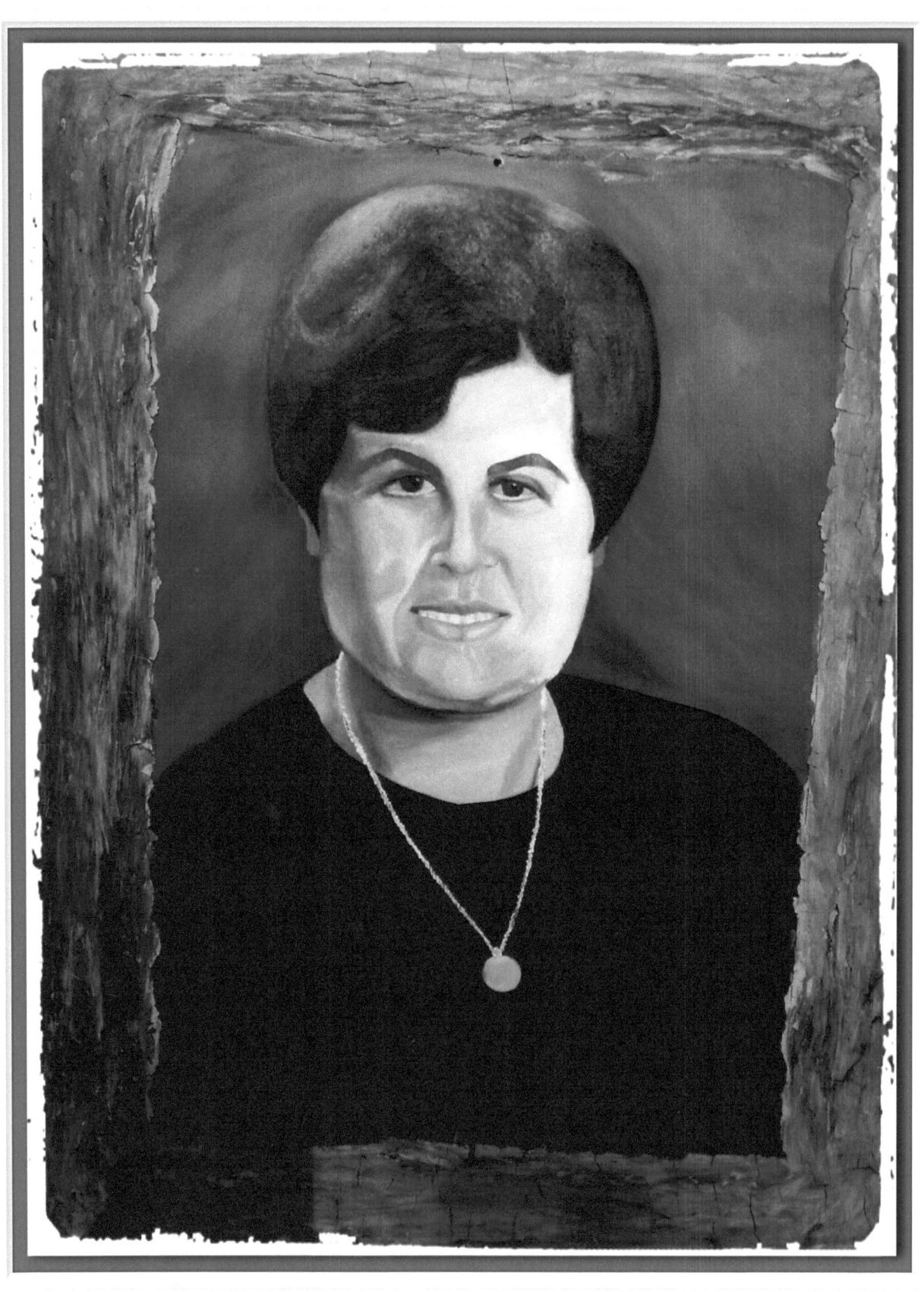

Öl-ma mère

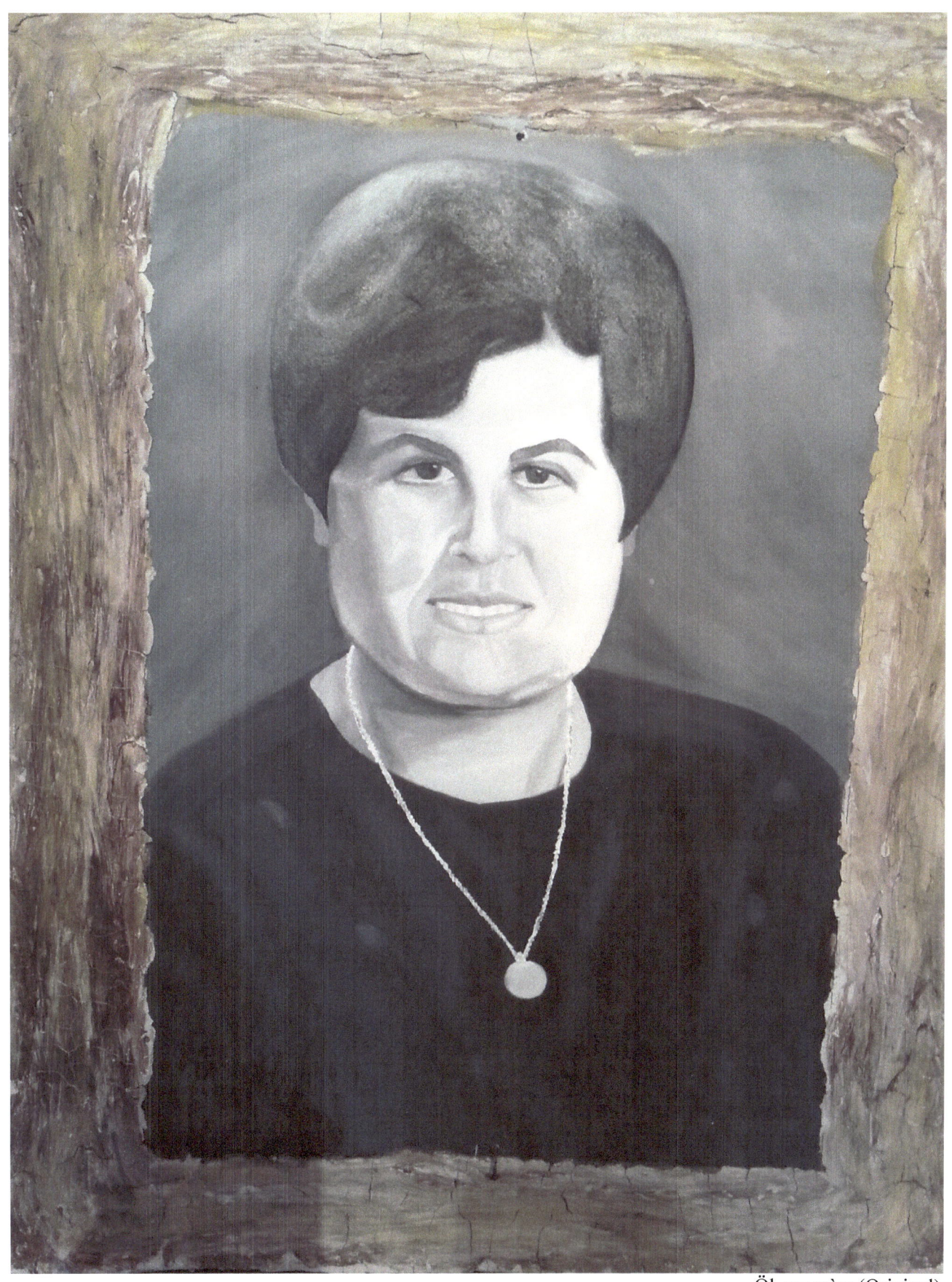

Öl-*ma mère* (Original)

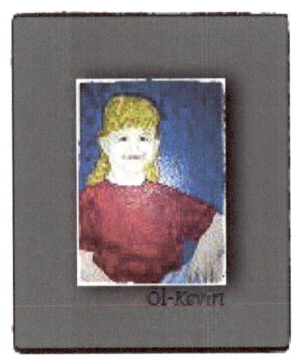

Öl-Kevin

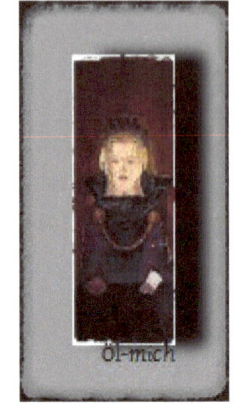

Öl-mich

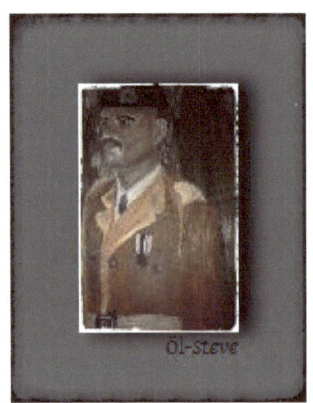

Öl-steve

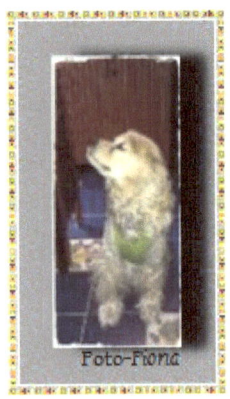

Foto-Fiona

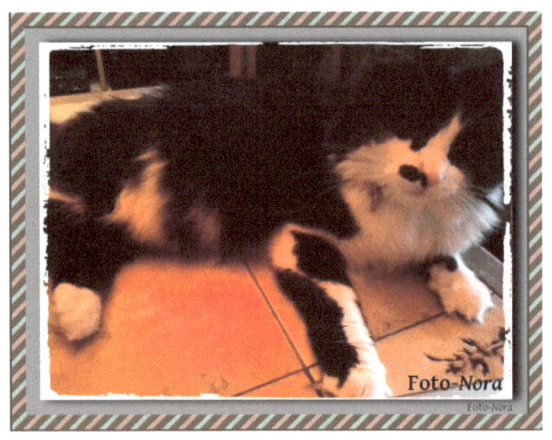

Foto-Nora